孩子不仅给我们带来了快乐，
更重要的是他们把我们重新引入真、善、美的世界

立 品 图 书 · 自觉 · 觉他
www.tobebooks.net
出 品

什么是人智学

[德] 海因茨·齐默曼 著
金振豹 刘 璐 译

深圳报业集团出版社
SHENZHEN PRESS GROUP PUBLISHING HOUSE

责任编辑：陈　曦
特约编辑：草　原
装帧设计：肖晋兴

图书在版编目（CIP）数据

什么是人智学／（德）齐默曼著；金振豹，刘璐译．-- 深圳：深圳报业集团出版社，2015.11

ISBN 978-7-80709-683-2

Ⅰ．①什…　Ⅱ．①齐…　②金…　③刘…　Ⅲ．①精神（哲学）－研究　Ⅳ．① B022

中国版本图书馆 CIP 数据核字（2015）第 169368 号

什么是人智学

shenme shi renzhixue

［德］海因茨·齐默曼 著
金振豹　刘　璐 译

深圳报业集团出版社出版发行
（518009　深圳市深南大道 6008 号）
三河市华晨印务有限公司印制　新华书店经销
2015 年 11 月第 1 版　2015 年 11 月第 1 次印刷
开本：787mm × 1092mm　1/16
印张：9　字数：80 千字
ISBN 978-7-80709-683-2　定价：35.00 元

目录

推荐序

人智学的力量

我很乐意为这本介绍人智学——即由鲁道夫·斯坦纳于20世纪初创立的精神科学——的小书的中文译本写序。

这是因为，一方面，我对人智学的学习对自己作为儿科医生的工作有非常大的帮助。在治疗各种儿童疾病的过程中，我发现有大量的疾病是无法用药物去治疗的，而只能通过健康的生活方式、平衡的饮食以及，最重要的，能够与儿童所处的年龄阶段及其个体性相适应，并且能够支持其个体性发展的教育去治疗。对儿童和少年来说，他们必须能够感受到心灵和精神的愉悦和舒适，否则其身体和心理的健康就会受到损害。我通过学习人智学的教学法以及人智医学，获得了能够为儿童和家长提供这方面支持的知识和能力。

另一方面，我相信对人智学的了解对于当今的中国具有十分重要的意义。

为什么呢？

一位家在北京的父亲就这一问题给了我回答。我曾经问他，为什么他会把自己的孩子送到一个只不过几年前才成立的华德福学校去。把自己唯一一个孩子交托给一个这么新的教育尝试对他来说难道没有风险吗？他回答说："我虽然对人智学还不太了解，但我目前所获得的人智学知识，以及对这所华德福学校的孩子和老师的状态的了解，让我觉得，这种教育能够帮助身处今日中国的我们与我们原有的精神之源重新建立连接，同时也能够以一种新的形式与当代的生活相适应。"我在中国的许多其他城市中也听到了类似的观点。

当代的物质主义是一个全球现象。它使得对于物质财富，对于影响力和名声的追求成为主导性的文化要素。然而，一旦人们在这些方面的追求达到一定程度，人们就会发现，这些追求并不足以使人们在心灵上和精神上得到滋养，也不能使他们具备在令人痛苦的和不幸的生活状态下保持健康的能力。物质主义不能提供"内在的力量"，而正是这种内在的力量能够使人们在生活中获得目标和方向。为了维持身体和心理的健康，人们必须能够把个人的人生经历理解为"生命的学校"，能够以一种赋予意义性的方式处理人生中的各种事件。但是，这种内在的力量以及成长的意愿必须通过教育和榜样的作用加以唤醒，否则就会有陷于怀疑、枯竭或内在的空洞以及生病的危险。因此，这个时代需要一种能够在物质主义的自然科学和精神性之间架起桥梁的通路。由于人智学正是以此作为目标，它对于这一时代需要具有重要意义。

这如何可能？

这之所以可能，是因为人智学是以人类的思维作为工具的。人类的思维既是学术研究的基础，也是人的精神力量之所在。人类思维作为一种精神力量可以进一步发展，从而能够帮助人理解和认识精神性的世界及其关联。而且思维，以及作为思维之科学的哲学也能够描述和研究人类所有文化和发展阶段中出现的精神和宗教体系所共有的那些传统价值。德国哲学家卡尔·雅斯贝尔斯（1883—1969）提出了“轴心期（Achsenzeit）”这一概念。他用这一概念指称公元前800年到公元前200年这一段历史。在这个阶段，地球上的四大文化区发展出了各自的思想，并通过各自伟大的圣者得到表达。在这个历史阶段中，当今人类所熟悉的世界观念和体系开始为普通人所了解，从而被许多学者及其学生记录并传播开来。

在中国，老子和孔子影响巨大。他们教导推崇爱、俭朴、谦卑、宽容、世界以及国家的和谐秩序这些清晰的伦理价值的思想和发展道路。在印度，乔达摩·悉达多提出了有关慈悲和爱的宏大教导，并且对命运的概念进行了有意识的论述。在东方，即希伯来和波斯，出现了《圣经》里提到的那些先知，以及查拉图斯特拉——他提出了善与恶交战的概念。而在欧洲，希腊的哲学家们提出了早期自然哲学。稍晚一些，苏格拉底、柏拉图和亚里士多德通过对正义、冷静、勇敢、智慧和虔诚这些主要的德性的提倡并将它们置于理性，即逻格斯的制约下，确立了欧洲－西方世界的伦理和哲学基础。

人们在斯坦纳的人智学当中也能够遇见这些人类发展之路的基础。人智学在哲学上与德国的理想主义（费希特、黑格尔、谢林、席勒、歌德）一脉相承，并以此为基础，把真理、爱和自由这些人性的核心价值作为个体性的发展方向。此外，四大文化圈都强调经由思想以及将自己与各种伦理价值和理念相连结，实现人性的发展以及“自我”的觉醒。人智学在这方面也不例外。因此，人智学并不是完全原创性的。只不过，它使轴心期的这四大人类价值体系——它们就其最根本的实质来讲是极为相似的——与人类的生命实际在各个方面都建立起了联系。人智学的（人性）养成之路完全是实践导向的。人智学的目标并不仅仅是指出一条如何成为伦理上更为完善的人的道路。其主要的关注点并不在于这里。它认为，所有灵性的洞见，所有内在的美德都能够导向这样一个方向，即人能够更好地理解生活，因而能够凭借其在心灵和精神上获得的成就更好地实现生命的目标。因此，人智学始终关注如何将所学到的运用于生活，关注对作为整体的人性的贡献。它的名称（Anthroposophie）也正是因此而来：Anthropos 来自希腊语，意为“人”，而 Sophia 意为“智慧”。所以，人们完全可以这么认为：人智学在于人类轴心期形成的那些价值之外并没有提出什么新的价值。它只不过是指明了一条通往这些价值的道路。这条道路是以生活实践作为基础的。它以一种富于疗愈性的方式充实着物质主义的自然科学，并使得人们对自然科学的理解更为深入。由此，它在精神世界的“信仰”和对当今的生活现实有决定性影响的当代自然科学之间的鸿沟上架起了一座桥梁。它希望促成人类内在的精神探索之路与外在的物质生活之间的融合，而不是各行其道。通过此种融合，人类外在的物质生活将得到转化，并以合乎人类尊严的方式被重塑。人智学把自己理解为精神科学，并把行动作为自己的道路。它并非一种信仰体系或者宗教。它以可验证的思想对存在的精神层面进行描述。斯坦纳如此要求他的学生：你不应该断然相信我对你所说的，而是要加以思考，使之成为你自己的东西，理解它，并基于这种理解，以负责任的方式行事。

所以，在世界各地都有人受到人智学的启发，对农业、教育、艺术和医药等领域进行革新，而不论其属于何种宗教、采取何种冥想方式或者追求何种精神性目标。在印度，一位人智学女医生告诉我，人智学帮助她更好地理解她从小就因为家庭教育所接受的印度教，并使她对这一传统更为珍惜。在日本，一位人智学建筑师就他所信奉的佛教对我表达了类似的感受。在埃及，穆斯林文化圈的人智学先驱易卜拉辛·阿布来什（Ibrahim Abuleish）[①]，作为塞肯文化运动（Sekem Kulturinitativ）[②]的发起人和诺贝尔替代奖[③]的获得者，对《古兰经》和伊斯兰教持有同样的看法。他觉得自已对于伊斯兰教负有精神上的义务。对我来说，它对基督教则具有同样的意义。正是借助人智精神性科学，这一宗教对我来说才真正变得可以理解。

---

① 易卜拉辛·阿布来什（1937—），是一位埃及化学家和企业家。他发起了塞肯文化运动，并于2003年获正确生活方式奖（Right Livelihood Award）。

② 易卜拉辛·阿布来什于1977年在开罗东北47公里的沙漠上创立了塞肯文化运动，以解决埃及的教育、人口和环境危机。塞肯已经成为生物农业和植物药品的市场领导者，同时也经营学校、劳动和教育项目，并拥有一个医疗中心以及一所应用艺术和科学学院。

③ 诺贝尔替代奖，又称为“正确生活方式奖”，是一项旨在“向那些对当今人类所面临的最严峻的挑战提供实际且具有示范性的解决方案的人士致敬并给予支持”的国际性奖项。该奖项于1980年由德国–瑞典籍慈善家冯·岳克斯库尔（Jakob von Uexkull）发起，并于每年的12月初授奖。奖项主要颁给在环境保护、人权、可持续发展、健康、教育以及和平等领域有突出贡献的人士。奖金总共为20万欧元，每年的获奖者为四个人。其颁奖地点与诺贝尔奖一样，在瑞典议会大厦。冯曾向诺贝尔委员会提议在上述领域增设奖项，未获同意，遂另外设立此奖项。

现代人，不论他信仰什么，都想理解这个世界，否则就会感到不安。在这方面，人智学的认知之路可以提供帮助。由于每个人都是完全自由地探索自己的道路，并且每个人都有通过思考增强理解的能力，通过了解人智学，人们能够对持不同观点的人给予广泛的宽容和接纳，因为人们能够理解他人为何有不同的想法，并予以尊重。人智学的力量不仅仅在于它的知识。在这方面每个人都以自己的方式获得知识。人智学的力量在于这种可能性，即将所学到的付诸实践，采取相应的行动，同时顾及一种积极的宽容并致力于和平的社会文化。

由于人智学的力量存在于使“善”成为现实的努力之中，对人智学知之甚少乃至一无所知的人们也可以参与到人智学的事业中来。因为将技术运用到实践当中，比如运用到生物活力农业、华德福教育和人智医学当中，在一定程度上是可以仅仅作为技术来传授和学习的。只不过如果想要教导他人，或者完全地理解为什么人们采取这种或那种做法，需要对人智学进行研究。具体来讲，比如，为了理解一个好的幼儿园教学法是如何发挥作用的，我必须透彻地了解华德福教学法，并对人智学的认知之路进行研究。但如果只是运用所获得的知识，则体验到这种做法是好的，出于此种体验去学习这种做法并将其运用到孩子身上就够了。同样，每个医生在意识到从槲寄生（viscum album）当中提取出来的人智学抗癌药物能够改善癌症病人的生命质量，提高其痊愈几率之后，都可以将此种药物推荐给病人。但是如果想理解这种药物的效用并且有效地生产这种药物，则需要学习人智医学。

我很希望海因茨·齐默曼的这本导论及其对世界范围内的人智学运动的介绍能够受到中国读者的欢迎。我和海因茨·齐默曼曾一起在位于瑞士的人智学中心，即歌德馆的高校委员会共事多年。他是教育部的负责人，而我是医学部的负责人。我们彼此都认为，这两个领域彼此之间具有十分密切的联系，并且能够互相学习很多东西。因此我很高兴通过这本小册子再次与我的老同事，目前已经去世的海因茨·齐默曼建立联结。

斯坦纳相信，人类的那些严重的社会问题只能通过“并非以利己主义为基础”的教育才有可能获得解决。不过他也同样确信，一个这样的教育必须以健康，即人、自然和地球的健康为导向。祝愿他的这些信念在中国也同样被证明是有重要意义的。

米凯拉·格洛克勒博士（Dr. Michaela Glöckler）

歌德馆医学部，多纳赫

2014 年 11 月

译者序

迈向自由的人

人来到这个世界，有没有可能通过自己的努力在一生中达到真正自由的状态？我估计人世间再没有比这个更让人纠结的问题了：一方面，这是个在某种意义上根本无法想清楚的问题，甚至有想得越多，离自由越远的危险。的确，再没有比只活在书本和思考当中的人更可怜的了。另一方面，这个话题又让一个不想就这么糊里糊涂过一辈子的人不能不去关注。随着年龄越来越大，经历的事情越来越多，那些曾经让我们乐不思蜀的事情：美食、运动、爱情、性、荣誉、财富、权力……都不再像原来那样让人着迷，甚至在我们投入地追求快乐的过程中已经让我们伤痕累累，满怀伤痛和厌倦。我们不禁要问，在人世间到底什么才是我们真正应当追求的东西，到底怎样我们才能将自己的自由，其实也就是幸福感、满足感和意义感，建立在坚实的基础之上？

有关自由的问题，也是有关我们到底是谁，人到底是怎样一种存在的问题。正如我们如果对别人缺乏理解，就不可能与他们建立良好的关系一样，如果我们对自己缺乏深入的认识，我们也不可能让自己活得明白，活得有自由感和意义感。

当然，这些问题在许多人看来未免太抽象、太遥远，尤其是在我们还没有经历过多少磨难，还在为种种眼前的迫切需要，比如学业、事业、爱情、收入、家庭奔波忙碌，无暇他顾的时候。但这些问题终究无法绕开，因为人生无常，一切眼前的美好终将逝去，生病、年老和死亡不可避免地会到来。而如果我们是正常的父母，希望自己的子女能够拥有健康快乐的一生，我们更是绕不开对这些话题的思考。

两年前，在翻译《法哲学》一书时，我不无意外地发现，人到底有没有希望达到一种自由状态，其实是大成问题的。一些著名的科学实验，比如加州大学旧金山分校的神经科学家本杰明·利贝（Benjamin Libet，1916—2007）以及哈佛大学心理学家丹尼尔·韦格纳（Daniel Wegner，1948—2013）所作的实验都表明人类如此看重的自由意志很可能是一种错觉，尤其是当我们把大脑的运作过程按照狭隘的科学主义的观点简单地看成不过是物理–化学反应等自然律支配下的过程的话。这一发现是令人沮丧的。这意味着我们所有的决定，其实都是被决定的。这人世间的一切，包括我们自己的命运，都只不过是按照早已经写好的剧本展开的一次演出。我们的所有遭际以及它们所带来的感受，快乐也罢痛苦也罢，都是命中注定的。该发生的，终究要发生。正如萨特所说，人不过是一堆无用的热情。

幸好，虽然有这样让人倒胃口的科学实验，生命当中固有的热情往往足够强大，能够让人带着巨大的疑惑继续兴致勃勃地前行。尤其是这两年来接二连三的奇妙遭际，让已届不惑之年的我开始感到人生如同进入了《爱丽丝梦游仙境》里描述的那个奇妙世界。2012 年年中，在被两家三甲医院诊断为淋巴瘤之后，我通过从北京到云南的长途骑行，以及从 2013 年 1 月份开始至今坚持不懈直至乐在其中的静坐练习，没有借助任何医疗手段和药物使自己达到自觉身心反而较之前更为强健的状态。2014 年年初，我开始为华德福教育所吸引，并很快将女儿从一个传统幼儿园转到南山华德福学校。在不到半年的过程中，通过阅读相关的书籍，以及参加中国大陆第一届人智医学培训，我对鲁道夫・斯坦纳创立的，作为华德福教育之思想基础的人智学产生了浓厚兴趣。而在阅读并翻译这本由德国资深的人智学者海因茨・齐默曼所写的《什么是人智学》一书之后，我对于人智学的兴趣更是有增无减。我开始感觉到，人智学对于我一直以来所关心的，有关人的精神成长、人有没有自由意志以及人最终的身心安顿之道这些问题提出了一条较之宗教信仰更合乎理性思维习惯，因而也可能更适合深受科学主义影响的人们的求索路径，同时其对于这些问题的基本解说也很有说服力，是可以与我自己的人生经验及思考相互验证的。

人智学，说白了就是关于人到底是怎样一种存在的科学。人到底是怎样一种存在，这是一个根本性的问题。每一个个体的人过一种怎样的生活，也取决于他对自己或有意识或无意识的理解和预设。这种理解和预设，其实也就是一个人所持的信仰。在这方面，我们较为熟悉的那些直接以人为研究对象的科学，比如医学、心理学、人类学乃至宗教学等，相对于人智学来讲，都只是对人的某一方面的研究，或者更确切地说，都只是运用传统的科学手段对人展开的研究，因而也只能触及人这一存在当中更为物质性的层面。而人智学对人的研究则要远为深入，事实上是直接把人作为一种精神性的存在来研究。

对人的精神性的研究也是对一个神秘的领域的研究，很容易跌出“科学”的范畴，而陷于说不清、道不明，既玄又虚，乃至迷信疯魔的泥沼。尽管如此，人的精神性是一个如此重大的课题，显然不可以让它只成为宗教信仰所垄断的领域，而必须同样将它纳入人和人之间可沟通、可交流与可验证的思考与对话的视域之中。只不过为此科学必须重新理解自己，勇敢地打破旧有的范式并发展出新的认知方法和手段，才能在这片孕育着无限可能同时也风险重重的新大陆建立可靠的立足点和根据地。

正是因此，斯坦纳一再强调人智学首先是一条认知之路，而不是一套固定和封闭的知识体系或者教义。他甚至指出说人智学最好每个星期都获得一个新的名称，以使人们不会因为名称的固定而对它所讲的东西习以为常。他也有专门的著述来介绍人智学所运用的方法，比如《人如何认识高等世界？》（*Wie erlangt man Erkenntnisse der höheren Welten*？）一书。由于人智学的研究对象是作为精神存在的人，也即人的精神性，它所运用的方法显然也应当是适于对精神现象加以认知和考察的方法，而不能局限于那些主要用来考察物质现象的方法，比如测量和实验的方法。尤其是，一个人要有能力对人的精神现象和精神世界进行考察，自己必须是在精神上高度发展的人或者至少是致力于在精神上不断提升自己的人，正如一个没有受过数学训练，或者对数学毫无兴趣的人，不可能在数学领域从事科学研究。这种研究能力的提升，实际上也就是对于研究方法的运用能力的提升。如果我们把人的精神世界概括为人追求真、善与美的心灵世界的话，我们可以认为如果一个人想在人智学领域有所建树，那么他必然需要不断提升自己对于真、善与美的把握能力和敏感度。这方面的基本训练方法，正如这本小册子已经提到的，包括对一些关键能力的系统培育，比如有意识地提高自己的感知和观察能力，有规律地训练清晰、客观并且有专注力的思想，有决断能力的、持续一致的意志力以及有纪律的、与具体情境相适应的情感能力。在这个意义上，人智学研究同时意味着研究者的自我提升与转化。如果说所有科学都要求某种程度的知行合一的话，人智学要求的是最为彻底的知行合一。也正是在这里，人认识世界的活动和改造世界的活动成为同一硬币的两面。以我自己的经历来讲，通过长途骑行、长期有规律的静坐训练以及始终满怀兴趣的思考和写作，我对自己的精神性有了更为深入的了解，同时也使自己的身心变得更为强健。

如果一个人已经在这些方面做了持久的自我训练和准备，那么他必然不会对这本小册子接下来所介绍的那些人智学对于人的基本认知和观点感到特别陌生和怪异，而是常常会有豁然大悟，如逢明师和知音的喜悦。在人智学看来，我们肉眼所见，有着各种各样的欲望和需求的这个肉体只不过是人这一存在的最为表层的部分。如果不是由于所有有生命的存在所共有的以太体或者说生命体的作用，这个肉体势必会趋于衰亡和腐败。这个理解完全是为传统的西方医学所感到陌生的。至少在国内医疗领域占绝对主导地位的西医学是建立在把肉体作为人之全部的“人之图像”

基础之上。当人的身体出现某种症状，比如发炎、发烧、血压高、长了肿瘤等等，西医的治疗方式就是用抗生素消炎、用退烧药退热、用降压药把血压降下来，或者把肿瘤割掉并用化疗和放疗等直接作用于症状的对抗性方法来消灭症状，而没有意识到症状的根源在于人的生命出了问题，或者用人智学的观点来看是人的生命体衰弱了所造成的。而人智学的这一认识恰与传统中医的看法以及我国以儒释道文化为基础的传统养生方法不谋而合。温州的名老中医，中华民间中医协会会长潘德孚老先生就旗帜鲜明地提出“是人的生命生病，不是人的身体生病”的观点[①]。我国民间流行的各种气功养生法，比如兰州的李少波老先生总结出来的真气运行法，则充分地证明了人体中气的存在及其对于健康的重要性。我自己通过有规律的静坐练习，切身地体会到了气在身体里活跃起来所产生的奇妙效用，以及它对于身心健康的不可思议的效果和丰富意义。可以认为，气就是人智学当中所讲的以太体的表现。对此每个人都是可以通过一定的训练，尤其是静坐练习亲自体验到的。

人智学认为人除了有物质体和以太体之外，还有借以通过外在的感官刺激产生内在体验，即情绪和情感的星芒体以及使人具

①《人体生命医学》，潘德孚著，华夏出版社，2014 年。

有自我意识的我体。它对于星芒体和我体的解说对于我们进一步理解作为精神存在的人及其命运同样具有极为丰富和重要的意义。星芒体使人的外在世界和内在世界，也即物质世界和精神世界彼此沟通，从而产生出可供“我体”进一步加工并自我提升的素材，同时也是“我体”借以强化和转化以太体和物质体的媒介。

人智学的另外一些观点对于常人来讲要更难理解一些，也更容易招来争议。比如，它指出人的肉体遵循遗传的法则，人的心灵按照其在前一次生命的作为获得这一世的样态，即遵循命运的法则，而人的精神实际上是一个带着上一次生命所获得之结果和能力的地球生命，遵循命运的法则[①]。在这本小册子里面并没有明确说明斯坦纳得出这些认识，尤其是关于心灵和精神各自遵循命运法则的根据和方法是什么。当然，目前人类科学的发展也还没有确凿的证据证明这些论断不成立。在这方面，尚未发展出直接亲证命运法则之超感官能力的人，只能持一种存疑的态度，并依凭各自对于人生总体的看法或者说信仰，选择自己的立场。从我个人的角度，我更倾向于接受命运的说法。尤其是，这种解说

① 肉体、心灵和精神的区分是斯坦纳在《神智学》一书中所持的观点。在《神秘科学概论》一书中，他对人的本质的描述更为细致，即物质体、以太体、星芒体以及我体。这两种说法之间存在大致的对应。本书也指出斯坦纳的研究具有现象学的特征，而并不追求建立严谨自洽的概念体系。

实际上与已知的科学和我们通常所持的道德信念是能够互相支撑的。

本文开头已经指出，目前神经科学的发展已经有较为充分的证据证明人并不像他所想象得那么自由。我们每一个有意识的决定，都是被大脑之前所处的状态所决定的。而普通的生活经验也告诉我们，尤其是那些尚未或始终没有发展出广阔的理解力的人，包括未成年的小孩、精神病人，以及无法控制自己情绪或者知识阅历很浅的人，基本上不可能有意义地安排自己的命运，甚至只能沦落为命运的可悲的牺牲品。然而另一方面，随着我们对生命与世界的理解的加深，自制力、自我决断和负责的能力的增强，我们的确感觉到自己在与命运的抗争中占据更为主动和有利的地位。传统文化中许许多多的修行人甚至能够在很大程度上挫败疾病和死亡的威胁，提出“我命由我，不由天”的宣言。撇开这一切，我也的确觉得自己在继续用自己的最大努力完成这篇文章，和以偷懒的态度敷衍了事这两种可能之间有选择的主动权。就算我决定用自己最大的努力来完成这篇文章是命中注定，我也的的确确因为这一选择而感受到更大的愉悦和满足。对我来说这就够了。

或许更恰当的说法是，人既是不自由的，也是自由的，因为人既是这表象世界的一个现象，同时也是一个自在的存在。就前者而言，人是被决定的，而就后者而言，人始终有选择的自由，也因此要为自己的选择承担责任。或者我们也可以说，所有已经发生的，都是被决定的，而所有尚未发生的，决定权都在我们自己的手里，需要我们对其承担起责任。如果说这世界上有真理的话，它就是以这样的悖论的形式存在。

这样的认识对于人生的积极意义是不言而喻的。对于所有陷于贫困、疾病或因为不幸的家庭及环境而痛苦不堪的人来说，这意味着我们可以从无休止的悔恨或怨恨中解脱和释放出来，因为对于已经发生的，以及由他人施加于我们身上的所有让人痛苦的事情，都是必然会发生的，而悔恨或怨恨这些让人陷于瘫痪的情绪只不过是因为我们纠结于事情本来不必如此之念头的结果。既然如此，我们唯一的救赎和出路，在于自己的改变和成长。我们是自己命运的创造者，不仅对于我们今世的命运是如此，对于我们下一世的命运也是如此。在这个常常被浅薄地批评为消极的教义当中，我看不到一点宿命论的影子。恰恰相反，没有哪一种对人生的解释比这种解释更积极，更催人警醒和奋进。也只有这种解释，才能最精确地阐明“人的尊严”的内涵，为其提供最有力的支撑。

在这过去整整两年时间里面，在我自己个人的生命中，原有的世界就这样被彻底地拆毁而又重建。对我来说，这是一个令人欣喜而振奋的发现和转变。曾经疲惫不堪，几乎算得上千疮百孔的生命因此也有了焕然一新的感觉。

在歌德的不朽诗剧《浮士德》中，出于对生命的巨大困惑，浮士德博士不惜以生命为代价与魔鬼订立协议，换取穷尽各种可能去探究生命之实质的机会，最终在人类永不止息地为自由而“开疆辟土”的事业中体验到真正的自由与美。他在毫无遗憾地放弃生命之前满足地发出的感喟，“这是智慧的最后结论：人必须每天每日去争取生活与自由，才配有自由与生活的享受”，或许可说是对人智学所做的一个最佳注脚。我也用这句话来邀请各位和浮士德博士一样对生命怀有困惑的朋友和家长，用自己的生命去体验和验证这本薄薄的小册子所开启的一个奇妙的新世界。

金振豹

2014年8月27日

于辛庄

1
什么是人智学

人智学的创建者鲁道夫·斯坦纳（Rudolf Steiner，1861—1925）曾经这样表述过，人智学就是“对自我之人性的意识”。一百多年后的今天，人类越来越意识到，对于人类和世界来说，准确地理解“人”的涵义具有决定性的意义。

传统的价值和观念对于我们寻求何谓“人”这一问题的解答已经无法提供进一步的帮助。20 世纪的历史已经向我们表明，如果没有（引入）新的价值，人类将面临生存危机：由于核裂变的技术，地球的存亡决定于人类的恣意；基因技术、大规模的动物饲养以及对环境有毒的物质触及到了动植物生存的核心；20 世纪的极权主义持久地动摇了人与人之间共同生存的基础。另一方面，20 世纪也赋予了人类前所未有的自由和自行承担责任的能力。

人智学希望帮助人们意识到，当今的人类能够通过个人承担责任，将这一自由赎回。为此，人智学寻找人类的思想能够凭以持续转化的方法和道路。人智学认为，人是能够自我发展的存在，并且能够在这种发展中激活其自身本有的精神的、创造性的力量。当人身上的这种精神被唤醒，它会引导人建立另外一种与世界的关系。世界也会展示出迄今为止隐藏着的精神的面向，而这一面向也需要为人类所认识和转化。

在人与世界之间建立这样一种关系，正是斯坦纳毕生的工作，同时也是许多认同人智学的人士所从事的工作。斯坦纳借助他的诸多著作以及 5,000 多场演讲，通过无数的例子给人们指出了通往精神和基于精神的社会实践的道路。他和他的同事们开启了一种新的科学实践，一种把世界的精神面向也包括在内的科学实践。他们找到了让灵魂苏醒的新的艺术形式，并且在多方面的生活领域展开实践，以缓和各种当代的危机。

比如，他们发展出了一种新的教育模式，并且今天世界各地的华德福幼儿园和华德福学校都在实践这种教育模式，在许多发展中国家和贫民窟开展了一系列的社会项目。可持续性的生物活力农耕以及基于人智学的医疗模式、药物和护理模式在各个大洲普遍传播。人智学促使世界各地的人们对于人与世界的关系进行重新的认识，并在此基础上推动相应的发展。

那么，到底什么是人智学呢？我们对此可以给出的第一个回答是：人智学是人对人性的不断深入的意识。它也是斯坦纳试图在科学的基础上发展这种意识的作品。它同时也是通过此种努力而产生，并且已经在世界各地普遍进行的生活实践。下文将对以上这三个方面作进一步的阐述。

2

鲁道夫·斯坦纳（1861—1925）

人智学的产生和发展与它的创始人鲁道夫·斯坦纳的人生和工作紧密相连。斯坦纳于 1861 年 2 月 27 日在克拉列维察（Kraljevec，现在的克罗地亚）出生。他的父亲是铁道电报员，后来先后任维也纳南部几个火车站的站长。因此斯坦纳可以在乡村的环境下长大并很早就接触到了现代技术。在孩童时期斯坦纳就有过超感官的体验，不过当时他无法和任何人谈论这种体验。

他在位于维也纳新城的实用中学（Realschule，偏重于自然科学的高中）完成了高中教育，并通过了毕业考试。之后他在维也纳的技术大学学习了数学、物理和自然史。杰出的歌德研究者卡尔·尤利乌斯·史惠尔（Karl Julius Schröer）当时在技术大学教文学课。对于鲁道夫·斯坦纳来说，他是一个父亲一般的朋友。他为斯坦纳提供资助，并帮助他在屈尔施纳的“德意志民族文学”

（*Deutscher National literatur*）系列当中出版了歌德的自然科学著作。大学毕业后斯坦纳在一个有四个孩子的家庭中担任家庭老师，其中一个孩子有学习障碍。

1890年，鲁道夫·斯坦纳开始在魏玛的歌德和席勒档案馆工作，并且为“索菲版歌德全集”（*Sophien-Ausgabe*）[1]编辑歌德的自然科学著作。1891年，他在罗斯多克（Rostock）攻读哲学博士。1893年，他出版了哲学著作《自由的哲学》（*Die Philosophie der Freiheit*）。1897年，他成为柏林诸多杂志的编辑，并在奉行社会主义的劳动者教育学校（Arbeiter–Bildungsschule）讲课。

20世纪初，鲁道夫·斯坦纳被邀请在柏林神智学图书馆做演讲。这使得他与玛丽亚·凡·西沃斯（Marie Von Sivers）（后来的玛丽亚·斯坦纳）相识。后来，他被选举为世界性的神智学学会（die Theosophischen Gesellschaft）新成立的德国分部的秘书长。担任此职期间，他通过很多演讲和著作确立了自己人智学精神科学的基础理论，比如，《人如何认识高等世界？》以及《神秘科学概论》（*Die Geheimwissenschaft im Umriss*）等。在1904

---

① 由索菲·路易斯（Sophie Luise，1824—1897）编辑出版的歌德作品集。

年成立的深奥科学学校（Esoterischen[①]Schule），鲁道夫·斯坦纳向许多学生讲授了冥想的方法。

1912年，他离开了神智学学会并组建了人智学学会（die Anthroposophischen Gesellschaft）。他还在瑞士的多纳赫（Dornach）建造了第一座歌德馆（Goetheanum）。这是一件依据人智学理念创作的综合性艺术作品，并被用来上映他创作的神秘剧。由此也产生了新的艺术形式。绘画、雕塑和建筑在这个建筑物中融为一体。在这里，表演、语言、音乐以及音语舞（Eurythmie）这一新的运动艺术形式交相辉映，形成一件有共同理念的综合性艺术作品。

第一次世界大战后的几年中，人智学在不同的改革运动中对公共生活产生了深远的影响。鲁道夫·斯坦纳以其"社会组织的三元结构"（Dreigliederung des sozialen Organismus）理论为核心的政治活动、第一所华德福学校在斯图加特（Stuttgart）的成立，以及在斯图加特和瑞士阿尔勒斯海姆（Arlesheim）成立的诊所使得人智学思想在公众当中得到普遍传播，甚至成为媒体报道的日常话题。然而，这一时期人智学的思想也受到了来自科学界和

① "esoterisch"的名词形式为"Esoterik"，其本意是指仅为一小部分人掌握的哲学理论，与"Exoterik（普通科学）"相对。后者指一般公众均能够了解和掌握的知识。

宗教界的强烈抨击。

由于第一座歌德馆（1922年—1923年元旦）后来被人纵火烧毁，也由于人智学学会内部存在的矛盾，斯坦纳意识到了人智学事业的危机。在这之前他一直是作为自由顾问和教师参与学会活动。1923年11月他决定亲自负责人智学学会的管理，并邀请学会领导层于圣诞期间到多纳赫开会，以成立新的组织。这个新组织由两个机构组成，即对社会公众开放的人智学学会和针对那些有志于在人生当中追求和实现人智学的会员设立的“精神科学自由学院”。斯坦纳任命了一批部门负责人，他们分别负责不同的专业领域和具体的生活领域，如医学、自然科学、舞台艺术等等的研究工作。人智学学会的宗旨是一方面为精神科学自由学院提供支持，另一方面成为一个培育人性的场所。另外，这次会议还决定建立新的歌德馆。鲁道夫·斯坦纳为此设计了一个新的模型。

鲁道夫·斯坦纳在其生命的最后几个月完全致力于建立这个新的学会和人智学学院。他为人智学学会的成员做了很多演讲，为精神科学自由学院的学员开设了19个学时的深奥科学课程，其内容包括冥想的指导，并且再次重新表述了人智学。此外，他还提供了很多针对教师、音语舞舞者、演员、牧师、从事治疗教学的教师和医生的课程。经过好几个月的重病卧床后，鲁道夫·斯坦纳于1925年3月30日去世。

3

人智学的基本思想

人智学的概念

人智学是一门关于精神的科学，致力于人、人的生命实践和世界的转化。因此，鲁道夫·斯坦纳经常会使用“精神科学”作为人智学的同义词，或者使用“人智学精神科学”这一概念，以与大学中对于“精神科学”的通常理解相区分。然而“人智学”也不是一个被非常严格界定的概念。人智学（Anthroposophie）一词来自于希腊文“anthropos（人）”和“sophia（智慧）”两个词的复合。其字面意思是“人的智慧”。这个词并不是鲁道夫·斯坦纳的发明。其使用可以追溯到近现代早期[1]。早在 19 世纪，谢

① 原文为“Neuzeit”，按维基百科全书（www.de.wikipedia.org）的解释，为欧洲中世纪结束之后直到今天的历史时期。其具体的开始时间则说法不一，分别有 1453 年东罗马帝国的陷落、1492 年美洲大陆的发现以及 1517 年德国的路德改革。近现代早期（frühe Neuzeit）则指近现代开始之后到 1789 年法国大革命为止的历史时期。

林（Schelling）、特罗西勒（Troxler）和费希特（I.H.Fichte）就曾经用这个词来指称一门有待建立的新的科学。鲁道夫·斯坦纳从1902年开始使用人智学这个词来指称他对人与世界的所有认知。直到1912年人智学学会成立，这个词的使用才变得正式起来。鲁道夫·斯坦纳有一次提到，其实他更愿意每周都给人智学起另一个名字，这样人智学才不会给人造成一个固定的理论系统，或者一个封闭的世界观的印象。

鲁道夫·斯坦纳自己是如何理解“人智学”的呢？我们可以凭借鲁道夫·斯坦纳在其生命的最后阶段描述人智学的这句话来具体地探讨这个问题。他说：“人智学是一条认知之路，这条认知之路将把人性当中的精神性引导向整个宇宙当中的精神性。”

首先，我们在这句话中看到，人智学的对象是有认知能力的，即有思考能力的人。基于此，人智学使自己与单纯的启示论（Offenbarungslehre）[1]相区别。它以拥有理性的判断能力的人，即能够用自己健全的思考和感知来对自己所读到的和所听到的东西加以验证的人作为自己的对话者。的确，人智学主张自己是一门科学。这里所说的科学，是指其结论能够被每一个具有相应的、

① 指通过非理性的方式，如某种神启，获得的信念。

能够被清楚描述的（认知）条件的人所验证的知识。

鲁道夫·斯坦纳从两个方面来主张人智学的科学性：1. 精神科学的结论是能够接受有健全的判断能力的人的检验的；2. 原则上每个人都能发展自己的认知能力，从而获得直接的精神经验。

同时，特定的知识也总是能够促进相应的精神成长。这种成长固然有不同阶段，却也适用于所有科学。比如，没有基础数学的知识就不可能正确理解微积分学。而一个儿童如果尚未获得集中注意力的能力，也不可能学习基础数学。一种知识越重要，其对有意义地运用这些知识的能力的要求就越高。由此，承担责任的能力也得到培养。除了人所共知的那些科学所要求的条件，比如克服主观性、可验证性和诚实之外，人智学还要求伦理上彻底的自我教育。因此，人智学是一条“认知之路”，要求自我的主动性和积极性，而不是一个已经完成的系统。一条道路总是有它的起点、中间目标和最终的目标。道路会改变走在路上的人。而正如我们从科学史中所了解的，人类认知的过程是层层递进的。

正因为认知取决于个人的发展，人智学的核心部分就是对于这种个人的发展道路的描述。人智学的一部基础作品的标题就是《人如何认识高等世界？》。这一发展道路包括对一些关键能力的系统培养，比如有意识地提高感知和观察能力，培养对于色彩、形状、声音、声响、词语和对话的敏感度，以及有规律地训练清晰、客观并且有专注力的思想，有决断能力的、持续一致的意志力，以及有纪律的、与具体情境相适应的情感生活。简而言之，人智学首先要求发展出一个健康的精神生命，在此基础上才能获得更高的认知。

不过，与其他科学相区别的是，人智学的认知内容与人的精神世界有关，而这种精神世界是人的物质感官所无法感知得到的。为了能更清晰地理解这一点，我们必须了解鲁道夫·斯坦纳所说的“精神”、“精神性”，以及“精神世界”的意涵。为此，我们需要探讨“这条认知之路将把人性当中的精神性引导向整个宇宙当中的精神性”。

人性中的精神性

人性中的精神性是什么呢？人在其存在当中所体验到的什么东西可以被称为精神性呢？

在鲁道夫·斯坦纳的另一本著作《神智学》（*Theosophie*）中，他描绘了人的三个生命领域，即肉体（Leib）、心灵（Seele）和精神（Geist）。据此，肉体是人赖以在感官世界活动并且对其有所感知的部分。心灵是人自己的内在世界。借助心灵，人以喜欢和厌恶这样的情绪对这个世界及其给人的印象做出回答，并且凭借人的记忆能力，可以拥有自己的内在生活。人的精神首先表现在他的思考能力上。这种能力使人超越自己的主观经验而获得知识，同时也使他具备这样的能力，即借助这些知识做出判断。

在外界的刺激和由此产生的内在反应之间完全是思想和观念生活的空间。这个空间也是自我决定的空间。一个人的有纪律的情感生活的养成，以及一个人的自我教育都需要这样一个自由的空间。如果我想要学习一样自己还不了解的东西，我们首先要对学习的目标有所意识。之后，问题就取决于这个目标能否让我产生足够的意志力，以使我事实上完成这个学习的过程。因此，人的学习能力以及由此而来的为将来谋划的能力建立在人的思考和想象能力的基础上，由此“我”可以勾画未来的蓝图，并调动相应的意志力以实现自己的目标。

在上面描述的过程中有一个行为的源动力在起作用。它导致知识的获得，确定目标，并最终产生必要的意志力，以实现这一目标。这个导致知识的获得，对于目标的执着并最终使目标得以实现的创造力和行动的源泉即可以被称为“我”，或者“人性中的精神性”。

这个“我”相对于人的情绪和肉体拥有主权，因为它影响着这两者，并为其提供方向。整个人智学都以人身上的这个行动之源作为其研究对象。这种自我决定的个人主权，这种内在的创造性活动，以及这种最终赋予人以尊严的东西，正是人性的中心，也是人智学的核心。

因此，只有已经准备好接受人的精神性的人，才能够接受作为精神科学的人智学。并且这里的精神性也可以具备如同一个肉体感官认知对象那样的认识内容。这里所描述的行动之源即是人的精神性的一种形式，它可以直接作为自我认知而被经验。同样，人的所有精神认知首先都是自我认知。正如在人性当中自我直接起作用并能意识到自己的精神性，人的精神性和世界当中的精神性也存在关联。通过作为“我”之认知工具的思考，人发现了将内在自己与外在自己当中起同样作用的精神性相联接的手段。通过形成一个概念或者概念系统，人性当中的精神性（即由“我”所进行的思考）与“宇宙当中的精神性”（即在“我”之外的，可通过概念的方式认识的精神—世界）发生了关联。由此，通过认知的不断加深，这个世界呈现为一个精神世界，一个由诸多行动之源组成的世界，即由诸多的“我”组成的世界。正是通过这些诸多的“我”的创造性的行动，产生了世界上的所有现象。因此，在人智学上，精神认知具有更深一层的涵义，即通过人的精神获得对于精神存在的认知。

人智学认知之路的发端

鲁道夫・斯坦纳在他的著作《神秘科学概论》中详细描述了获得更高认知的道路。他把这一道路的第一步称为“精神科学的大学学习[①]”。这是什么意思呢？就像在山间徒步旅行的人出发前必须先了解他的具体行走路线，想要努力达到更高认知的人也要事先对更高世界的事实有所了解。他必须先通过学习获得这方面的知识，也即以纯粹概念的方式找到一个大概的方向。

那么，人智学难道不是人们基于信仰的原因加以接受或拒绝的纯粹的启示吗？如果人智学只是以启示论的面目出现，那便是如此了。不过，鲁道夫・斯坦纳非常强调和重视将他的研究成果用可以被健全的理智所理解和判断的方式来表述。以思考的方式理解一个既定的事实是通向精神认知的第一步，并且在斯坦纳看来乃是打开精神之眼的必要的前提条件。思考本身是一个纯粹的精神活动，思考的对象分别与物质世界或精神世界发生关联。所以思考也是能够使两个世界发生沟通的活动。不过只有当感知的内容被置于概念的关联之中，彻底的理解和认知才会实现。

---

① 原文为“Studium”，在德文中特指大学阶段的学习。

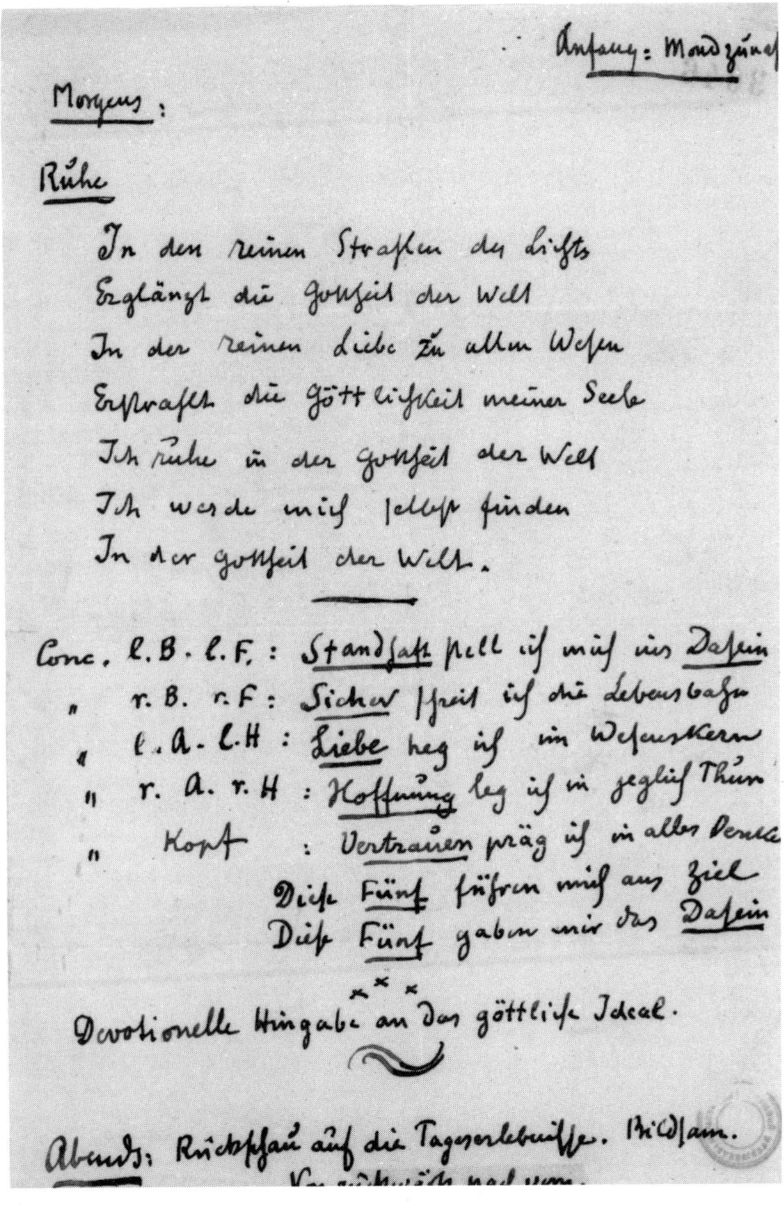

Anfang: Mondzunah

Morgens:

Ruhe

In den reinen Strahlen des Lichts
Erglänzt die Gottheit der Welt
In der reinen Liebe zu allen Wesen
Erstrahlt die Göttlichkeit meiner Seele
Ich ruhe in der Gottheit der Welt
Ich werde mich selbst finden
In der Gottheit der Welt.

Conc. l.B.-l.F.: Standhaft stell ich mich ins Dasein
" r.B. r.F: Sicher schreit ich die Lebensbahn
" l.A.-l.H: Liebe heg ich im Wesenskern
" r.A. r.H: Hoffnung leg ich in jeglich Thun
" Kopf: Vertrauen präg ich in alles Denken
Diese Fünf führen mich ans Ziel
Diese Fünf gaben mir das Dasein

* * *

Devotionelle Hingabe an das göttliche Ideal.

Abends: Rückschau auf die Tageserlebnisse. Bildsam.

这一点既适用于感官性的感知内容，也适用于精神性的感知内容。

如果思考能够处理精神性的感知内容，则思考必须被扩展，以使其能够把握超感官世界的属性。这是什么意思呢？在俗世的存在中，我们生活在空间的想象里面，我们观察各种各样彼此同时存在的有形之物，并把时间看成是一个先后相续的过程。我们以这种方式把握周围这个已成的世界。与此相适应的思维模式正是我们使用计算机时所使用的那种思维模式——存在一个通过无休无止地分叉形成的完全由上位概念、平位概念和下位概念组成的固定秩序。在这样一个秩序中，通过相应的点击我们即可找到要找的概念。这个概念在整个概念系统中已经被清晰地定义，并非常严格地区分于其他相邻的概念。这个概念系统完全适用“非此即彼”的原则。这样的世界是一个没有变化的世界，一个可以计算的世界。然而，一旦我们开始想要理解有机的过程，或者心灵和精神的过程，这样一个定义清晰的思考模式就不够用了。必须将它扩展成另一种思考模式，而这种思考模式能够将个体置于相应的整体关联当中来理解。此种扩展的前提是要有这样的能力，即不是绝对地，而是分别根据具体的情境因地制宜地把握概念，在有必要时加以扩展、重新建构以及允许它过渡到另一个概念。只不过不能以恣意的方式如此行事，而是要根据所感知到的事实来进行。

与前述排它性的“非此即彼”的思考模式不同，这种思维模式适用“既……又……”的原则，以及富于活力的“因他者而成我（das Eine aus dem Andern）”的原则：一种有机的思考方法（eine Denkorganik）。在读者按照斯坦纳的风格阅读其作品的过程中，就会学会这种有机的思考方法。这种风格并不进行定义或系统化，而总是与具体情境密切相关。斯坦纳以这样的方式处理各种主题，即在描述的过程中慢慢地建构一个概念。同样的现象会反复出现在新的语境当中。通过这种方式，概念成长并发生改变。它会扩展自己，以逐渐将精神现象纳入其涵义范围。当读者积极地对这种思考过程进行检验的时候，他就慢慢地获得了进行一种活泼地思考的能力。对于此种思考，逻辑并不与之冲突，而是对其进行补充。当我们开始认识到“人性中的精神性”是自我教育和自我发展的创造性能力，我们同时也就会通过对人智学的学习掌握生产性的、创造性的，并且具有改造力量的人智学的概念。

因此，在这个意义上，对人智学基础作品的学习应被视为精神认知之路的第一个阶段。同样，对那些试图在斯坦纳的作品中寻找定义，寻找固定的概念体系或可以孤立应用的内容的人，斯坦纳的风格会让他们失望。斯坦纳的论述主要是描述性的。如果要把它们从其上下文中分离并单独拿出来的话，要格外小心。因为，重要的是在阅读过程中的思考活动，而不是对一个理论大厦的掌握。无论何时，人智学都不是作为知识内容，而是作为认知之路出现。

下文将介绍人智学的一些具体内容和观点。尽管如此，读者们应考虑到上述认知的方法。下面这些内容和观点并不能替代对斯坦纳著作的阅读，而是希望激励人们自己去学习他的著作。

人智学对人的理解

我们从斯坦纳对人的本质的描述当中，可以找到斯坦纳无意形成一个固定的体系，而总是力图描述一个活生生的过程的最佳例子，因为，在他的每一部作品当中，我们发现他观察人的视角都有所不同。

比如，在他的主要著作之一《神智学》中，一切都是建立在三元结构之上：作为有感知能力的感官人（Sinnesmensch），他拥有一个“肉体”。他内在的有感受和感情的生命可以被称为“心灵”。除此之外由于他的思考能力，他还具有可以被称为“精神”的部分。当人的心灵与世界发生关系时，人的精神在（人的心灵所）认知到的现象当中寻找于纯粹主观的体验背后起作用的东西。他寻找精神的规律性，寻找独立存在的本质。与此种人的三元结构相对应，存在着一个感官的世界、心灵的世界和精神的世界。他们都有自己的法则，而人也以不同的方式和这些世界相连接。作为个体的“我”在这三个领域都起作用。作为个体的人就其本性而言是精神性的，但却或多或少把自己认同于其肉体和心灵的方面。因此，人会对于感官世界的印象以及由此而产生的心灵感受产生依赖。但是人也可以凭借自身的力量超越这三个领域。在此种情况下，他那有着自由的塑造力的“自我”能够相对于他的肉体或心灵的部分贯彻自己，并且按照他自己的目标转化这两个部分。这个“我”作为这样一个精神性的、使我可以转化自己的权属（Instanz[①]），正是人的“尊严”之所在。

《神智学》中人的肉体、心灵和精神三元结构在斯坦纳的《神秘科学概论》中变成了四元结构。作为空间构造的“物质体（physische Leib）”有着特定的面貌和特定的大小，并由我们在这世界上也能够找到的物质所构成。这个物质体就其本质来讲是趋于衰灭的，只是因为被斯坦纳称为生命体（Lebensleib）或以太体（Ätherleib）的生命原则的阻止作用，这一趋势才没有发生。

---

① “Instanz”指拥有判断、决定或者行动之权力及能力者。本书译为“权属”。

人的生命体支持着人的生长、外形的维持以及生育繁衍。生命体和物质体的分离就意味着死亡的降临。如果人只有靠以太体维持其生命的物质体，那么人就像一株植物，没有清醒意识，没有自我意识。这两种特性乃是由于“星芒体（Astralleib）”和“我体（das Ich）”而成为可能的。星芒体是人借以通过外在的感官刺激而产生内在体验的身体基础。星芒体沟通着外在世界和内在世界，这一点我们在动物身上也可以看到。人身上的第四个部分被鲁道夫·斯坦纳称为“我体”，它使人具有自我意识。由此，我体具备这样的能力，即使自己与其精神性相关联，就像其能与自己的肉体相关联一样。我体为肉体所局限。肉体会使我体对其产生依赖。而人的精神性可以扩展我体，使人的肉体性越来越多地成为人的精神性的表达。可以为感官所感知的只有物质体。其他三个部分都具有超感官的性质，但是会反过来作用于物质体，并且能够通过它们所产生的影响（表情、运动能力、衰老、健康和疾病）而从思想上被发现和理解。由此，人的四个原则通过各自的特征得到表现：死亡、生命、内在和自我意识。“我体”作为精神性的行动之源可以慢慢地转化其他三个部分，从而使之在他人面前越来越表现为一种精神性的存在。神性之光的肉体化导向人的自我意识。由于人的自我意识，肉体的转化和精神化得以自由地展开。在这方面，作为行动之中心的我体扮演着中心权属

（die zentrale Instanz）的角色。

《神智学》一书中的三元结构有着更为静态的特征，而《神秘科学概论》中的四元结构则表达了一种动态发展的思想。这两本书都探讨"人性的本质"，并且从不同的角度得出了不同的结论。这些不同的结论需要按照其各自的思想脉络来理解，否则它们就只不过是一些僵化的理论，毫无意义。

精神的命运

斯坦纳沿着上述两条路径对人的本质进行研究之后，又将其目光投向了生与死的界限之外。人的肉体受之父母，遵循遗传的规律。然而人的心灵和精神又是来自哪里呢？

精神的特性之一是它超越时间和空间。借助人的个体性，它以不可替换、独一无二的形式呈现。相对于易朽坏的身体来说，它具有永恒的连续性。心灵则作为两者的中介起作用：它内化来自肉体的感受，以使精神能够利用它们。

通过获取新的知识或经由学习而获得新的能力，人的精神得以发展。人类的不同个体通过各自不同的能力和认知水平而在精神上互相区别。肉体和心灵是精神的必要的工具。精神通过它们实现自己的能力和认知。正是通过它们，精神性的个体可以在地球上发展自己。此种发展在一个人的一生当中持续地进行。

因此，一个人的生命历程主要取决于两个方面：一方面是命运的环境（社会环境、物理环境等等），另一方面是人的精神面对这个环境的作为。而一个精神性的个体又主要基于其所带来的可被称为天赋、禀赋和能力的东西而能够改变其自己的命运。我们可以观察到：在一个人出生时他就已经具备许多精神性的能力和禀赋。然而它们一定是由自我通过努力所获得的，并且可以被理解为是该自我于上一次地球生命的过程中发展其能力的结果。因此，人的精神实际上是一个带着上一次生命所获得之结果和能力的地球生命。生命即凭借此种禀赋和能力塑造自己。人的精神正是以这种方式遵循命运的法则。

另一方面，心灵按照其在前一次生命的作为而获得其在这一世的样态。心灵在前世所经历的，会成为它在今生的命运环境。它会被打上其所处之社会环境、教育等等因素的烙印，并以这种方式获得其具体的形式。也就是说，它遵循命运的法则。

肉体遵循遗传的法则。心灵要经受其自己创造的命运。人的精神遵循命运的法则。如果人们超越生与死的界限来追踪肉体、心灵和精神的过程的话，就会发现继承、命运即是肉体、心灵和精神所遵循的规律。

因此，对于鲁道夫·斯坦纳来说，重生与人的个体性的精神有关，而并非心灵的转化。他的有关命运的思想来自于欧洲的传统。这个传统始于古希腊的柏拉图，并以莱辛——启蒙时期的诗人和哲学家为其最有名的代表。鲁道夫·斯坦纳曾多次解释他有关命运的思想。这些思想可谓人智学最核心的内容。《神智学》一书对这些思想作了最基本的描述。

精神存在

人类不是世界上唯一的精神存在，这一点通过简单的思考便能知晓。也就是说，只有当此种更高的精神以某种堪为示范和起源的形式存在，（精神上）更高的发展才是可能的。所以，一个很自然的推论是，世界上存在一个神性的等级秩序。早期的世界观会提到在最基础的过程中起作用的自然神。它们还讲述创造了人类的神祇们，以及引导着人的命运的“保护天使”等等。欧洲古典时期的狄奥尼修斯·阿雷帕吉塔（Dionysius Areopagita）第一个对各种精神性存在的等级秩序，对于天使或者精神性等级的神圣秩序做了系统性描述。他描述了一个三乘三结构的精神性存在的等级秩序（天使、大天使、原始自然力）。它们是父、子和圣灵作为神性的三位一体的表达。

鲁道夫·斯坦纳在他的《神秘科学概论》中以同样的方式详

细地描述了与人性发展相关的精神存在的九个秩序。人性发展的过程是这样的：在原始时期，人类经由更高的精神存在获得了肉身；同时在他的身上也埋下了成为具有创造性的“我”的种子。从而，斯坦纳认为，人的发展是一个逐渐从单纯的被创造者成为创造者的过程。今天人类生活在一个他开始可以独立行动同时也需要自我承担责任的时代。他可以自由地决定，是按照肉体的欲望和冲动来行事，还是脱离对肉身的依赖而按照其精神性的洞见来行事。精神性是否能在人身上实现，取决于人能在多大程度上理解自己与其精神性目标之间的关联，以及自己其实能够以创造性的、自由的方式行事。而这正是人的尊严之所在。在斯坦纳看来，未来人类和地球的发展取决于作为每个个体的人的思想和行为，而在过去，人普遍地受到不同的精神权威的引导和左右。因此，人作为有创造性的存在，其发展的目标是通过自我教育成为作为第十等级的存在。按照鲁道夫·斯坦纳的说法，这第十个等级是自由的等级。

与基督教的关联

“基督教”、“基督教的”、“基督”——这些词语会使不同的人产生完全不同的联想，也很容易导致错误的理解。的确，由于所谓“正信”的问题，纷扰的争端和不断的分裂贯穿着整个基督教的历史。

鲁道夫·斯坦纳的基督形象并不是建立在其对基督之来源的研究基础上的。他说明了自己是如何通过对于精神的研究而形成了对于基督本质的理解，然后再将它与传统的文献（福音书、保罗书、启示录）相比较。他在许多演讲和著作中从人智学研究结论的立场来解释基督学的基本问题、福音书和核心的宗教问题。那么，哪些是这个精神科学意义上的基督形象最重要的方面呢?

在他最早的关于这个题目的作品:《基督教作为神秘事实》（*Das Christentum als mystische Tatsache*）当中，斯坦纳解释了福音书与古典时期的神秘事件的关联。这种关联在约翰福音中体现得最为清晰。斯坦纳认为约翰福音是一篇有关施洗的文字。在斯坦纳看来，约翰福音是对基督亲自在公众面前为福音作者施洗的描述。这就是对（已死的）拉撒路（Lazarus）的唤醒。根据斯坦纳的研究，拉撒路就是福音书的作者，并成为使徒中的一位，“是主所爱的”。基督自己于三十岁的耶稣在约旦河受洗时进入了他的身体。他和他的12个使徒在巴勒斯坦传道三年，直到被钉上十字架。也就是说，斯坦纳区分作为人的耶稣和作为太阳神的基督。他把耶稣的死亡和复活描述为“各各他的神秘事件”，是一个神秘事实（而不是单纯的历史事实）。后来（比如在《神秘科学概论》一书中），他把各各他的神秘事件称为整个地球发展的中心事件。这个事件所造成的变化一直深入到人的肉体基础和世间的物质。按照斯坦纳的说法，重要的不是学说或者世界观，而是这样一个事实，即一个神性存在在一个人的身体中停留三年时间，并以最彻底地放弃权力的方式而被钉十字架、死亡而又复活。正如在使徒行传中所说的，耶稣在升天之时和地球连接在一起，并于圣灵降临节以圣灵的形式，与所有十二个使徒合为一体。从那一刻起，基督即直接与地球以及人类相连接。对鲁道夫·斯坦纳来说，重要的不是历史中的基督，而是那个与人和地球的发展连接在一起的基督，是各各他神秘事件的永恒有效的“神秘”意义。由此产生一个问题：现在可以在哪里找到基督呢？

斯坦纳在其演讲和著作中指出，基督在尘世的肉身化相对于通常的命运法则来讲是一个独一无二的事件，这是基督教的核心意义之一。在当今时代，基督以新的形式存在于一个与感官世界直接相连的超感官的世界中，并会在未来以帮助者和安慰者的形式启示越来越多的人。在他的第一个神秘剧《洗礼之门》（*Die Pforte der Einweihung*）中，斯坦纳使一个年轻的女预言家特奥多拉（Theodora）宣告将来会有新的基督经验，这个经验将引导着人从信仰走向看见。尽管在这之前斯坦纳在提及基督时总是极为谨慎——当他创作第一个神秘剧时，他已经49岁了——然而他对于基督的解说自1910年以来已经变得越来越重要。

人智学与基督的关系也表现在鲁道夫·斯坦纳和一个女雕塑家埃迪特·马尔墉（Edith Maryon）共同创作的一件木雕作品中。这座九米高的雕塑是为歌德馆的演出大厅设计的。它表现了介于两种本性之间的人的形象。这两种本性分别描述了两种相互对立的片面性。它们共同在人身上起作用，并被斯坦纳分别称为路西弗（Lucifer）（拉丁语，意为“持光明者”）和阿里曼（Ahriman）（来自波斯的查拉图斯特拉神秘传统）。

路西弗在所有超越性的、精神性的、离开地球的趋势占主导地位的地方起作用，而阿里曼则具有固化、物质化并与地球合一的特性。路西弗会诱使人变得高傲，自我评价过高，或者是陷入片面的神秘论和过分的精神性当中，而阿里曼会使人陷于没有精神性的物质世界，陷于犬儒主义并沉溺于感官世界。路西弗让人相信，尘世的感官世界是个幻觉，应该脱离，而阿里曼则让人误以为感官世界才是唯一的真实。

中间状态在这两个片面性之间维持一个积极的平衡。它会使路西弗跌落，使阿里曼被捆绑在地洞中。这个雕塑表达了鲁道夫·斯坦纳对恶的双重样态的反复描述。在他看来，恶就是偏离中间状态的片面性。不过，为了形成中间状态，为了使善成为可能，每一个片面性又都是必要的。在斯坦纳看来，恶对于发展来

说永远是必要的。因此，他发展了歌德对于魔鬼的观点：它们“永远想要恶的结果，却又永远创造出善”（《浮士德》第一幕“天空序诗”）。为了发展出和谐的中道，人也不可以竭尽全力消除这种片面性。

在介于路西弗和阿里曼之间的和谐中道的典范就是基督。斯坦纳把他看成是“人性的代表”。每个人，不论其持何种宗教信仰，都可以把这个雕塑看作是人之发展过程的表达。一个人是否同时把它看作是基督，并不重要。

4

人智学的实践

人智学经由鲁道夫·斯坦纳产生和建立起来的过程可大概分为四个阶段。在第一个阶段，基于那个时代的文化生活，他通过演讲和著作形成了他的世界观。从那时起到世纪之交，他作为出版者和编辑有了一定的声望，并和当时主要的哲学家、自然科学家和文学家都有多方面的交往。他也发表了自己的哲学著作。人们可以把这个阶段称作后来被斯坦纳称为人智学的科学的认知方法形成的阶段。

按照斯坦纳自己的说法，人智学自身的发展经历了三个差不多同样长时间的阶段。在世纪之交后的那个阶段，作为神智学学会的秘书长，斯坦纳在他的著作和演讲中描述了精神性科学的基础和方法，比如前面提到过的《神智学》、《人如何认识高等世界？》和《神秘科学概论》。这个阶段一直持续到 1909 年。

接下来，随着四个神秘戏剧的创作、音语舞作为新的运动艺术的发展、作为集人智学艺术之大成的歌德馆的建设，开始了人智学艺术的阶段。在这一时期，鲁道夫·斯坦纳也发表了许多有关他的基督观的演讲。

从1917年起人智学进入了第三个阶段。这一阶段的标志是人智学开始在生命实践中发挥作用。由于这一时期许多人对鲁道夫·斯坦纳提出的请求，人智学开始在很多工作领域被应用和实践。斯坦纳对于社会生活的更新提出了许多具体的建议，从政治领域一直到国民经济领域。他提出了符合时代需要的教学法，通过人智学扩展了人们对医药的理解，并且在治疗教育和农业上提出了新的视角。

在人智学的发展历程中，人们可以看到在最初的确立科学基础的阶段之后，经过世纪之交，人智学的重点转向精神科学的发展，1910年后转到艺术和基督学的更新，并于1917年后转移到生命实践上来，同时也使许多职业的内涵变得更为丰富。不过，早期的内容在后来并没有消失，而是与新的内容并行发展。在这个过程中也出现了许多根本性的新的科学理念。纵观全局，我们可以发现，在当时，并且在今天的观念当中也多多少少彼此隔离的领域——科学、艺术、宗教和社会生活领域——都进入到人智学当中。斯坦纳继承了歌德的观点，认为艺术和生命实践是认知过程中的必要因素；反过来，没有相应的认知，艺术和生命实践也不会有成果。因此鲁道夫·斯坦纳把包容所有这些活动的建筑称为“歌德馆”。

在这个意义上，人智学区别于许多其他世界观。人智学的理论和实践是不分离的。人智学作为认知之路改变着认知者，并且在日常生活中影响着他们的行为。由于精神科学的认知总是针对特定的生活领域，能够转化为生命实践的伦理–社会知识随之出现。

在所有这些不同的工作领域中有一个核心的问题：如果我同意每个人心中都有一个精神的源泉，那么我在这个时代的工作的意义是什么呢？如果一个人了解自己的责任，他在这个时代即处于一个三重的关系当中：首先，作为一个发展中的存在，他对自己负责；其次，他还处在一个社会环境当中，需要对他人负责；此外，他和自然和宇宙之间也存在关联，并对它们承担越来越多的责任。从这个角度出发会产生另一个问题：如果我想在这些方面承担自己的责任，我应该如何来安排自己的工作？

下面将对一些已经通过人智学被扩展并且变得更为丰富的重要领域加以介绍。

社会组织的三元结构

第一次世界大战爆发之后，鲁道夫·斯坦纳先是在小范围内，以及在与个别政治家的对话当中提出了一个“社会组织的三元结构”的设想，并于1919年把这一设想正式作为一种社会构想提出。这个构想提出的核心问题是：什么样的社会模式能够与这样的事实相适应，即世界范围内的劳动分工在经济领域占据主导地位，同时新时期的个人要求自决权？个人的主权、对社会问题的共同决定权以及全球化的经济如何能够彼此相协调？

对此斯坦纳区分了社会生活的三个领域。第一，精神生活——这首先包括教育事业、艺术、科学和研究以及宗教等等——也就是与个人的精神需求有关的部分；第二，法律生活，这包括法律和政治（以分权为理念）；最后是经济领域，包括它的主要分支，即生产、消费、商业和服务。

这三个领域遵循着完全不同的目标和法则：文化生活源于个人的精神需求，所以要求与个人的需求和能力相适应的自由；法律生活要求透明、公民在法律面前的平等，以及民主参与决策；经济生活在一个分工并且全球化的结构中的目标是，以尽可能切实可行的方式来满足人的物质需求，并且应以博爱为原则。

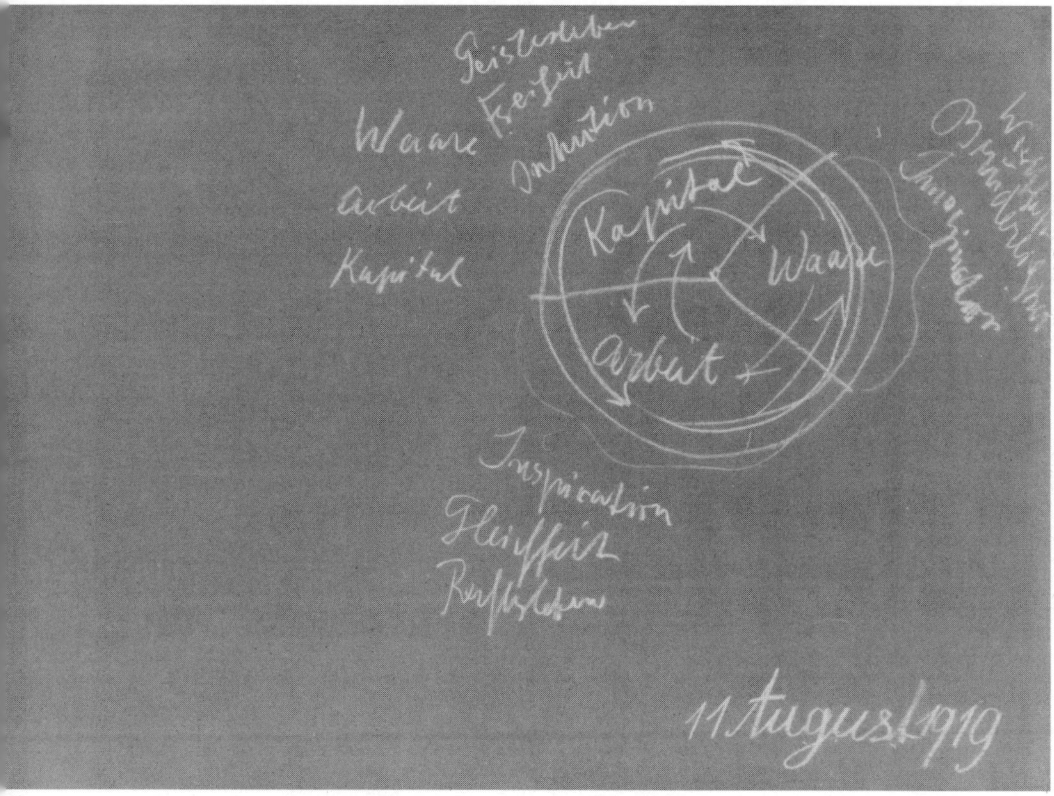
Waare
Intuition
Kapital
Waare
Arbeit
Inspiration
11. August 1919

这三个社会领域中的每一个都要求有合适的组织形式，因而需要很大的独立性。斯坦纳认为每个部分都应该有自己的代表形式。这三个部分的代表形式彼此就像是一个整体组织的分支一样彼此分立而又互相联系。他把这称为“社会组织的三元结构”。例如，他认为收入和工资不应是经济问题，而是法律问题。人不是因为工作才获得收入，而是他需要收入来满足生活需要，以使自己能够工作。因此，斯坦纳支持工作和工资关系的分离。这触及到了金融事业的根本性因素，将导致金融业的完全转变。在二十世纪的后半叶，在斯坦纳这些建议的基础上出现了人智学银行等新的社会事业。

教育

从 1919 年的三元社会结构构想中产生出来的华德福学校可谓人智学事业当中最为成功的典范。今天在全世界有 1,000 多所华德福学校和 2,000 多所华德福幼儿园。华德福教育事业始于 1919 年春天位于斯图加特的华德福—阿斯托里亚（Waldorf Astoria）香烟厂的厂长埃米尔·莫尔特（Emil Molts）向斯坦纳提出的请求，希望他能够按照人智学的观点为工厂职员的孩子们创办一所学校。1919 年 9 月第一所华德福学校成立。鲁道夫·斯坦纳通过会议、演讲等方式密切地指导着这所学校一直到 1924 年，并且在最初几年还亲自领导这所学校。华德福学校在三元社会结构的理论框架下，把自己看成是一个自由的精神生活的例子，独立于国家和经济的外来决定。

这个教育理念的中心是自由发展的人。教师的任务是，根据儿童的年龄和具体状况，教给儿童相应的课程内容，也即实行个性化教育。这样的教育要求老师同时也是个艺术家，他会对孩子们的差异不断重新加以理解。鲁道夫·斯坦纳在谈到教育的时候总是说到教育的艺术，即教育乃是一门艺术，不过同时也是通过艺术来教育。在华德福教育中，各种各样的艺术练习是重要的教育手段，因为艺术活动不只是要求智力或者运动机能的投入，而是要求整个身心的投入。所有教育活动都指向这样一个中心任务：我应如何按照每个孩子的具体发展阶段，激发其固有的、个性化的精神性之源，以使他能在日后的生活中受益？

医学

在鲁道夫·斯坦纳为医生们上了一系列的课程后，20 世纪 20 年代早期，他在和女医生依塔·薇格曼（Ita Wegman）合作的基础上，形成了一种用人智学加以扩展的新医学。通过在阿

尔勒斯海姆成立临床医学研究所（das Klinisch-Therapeutischen Instituts，后来的依塔·薇格曼诊所），在斯图加特和阿尔勒斯海姆成立研究实验室（后来从这个实验室的活动中产生出了药品和化妆品制造商维蕾德），以及鲁道夫·斯坦纳给医生们提供众多课程，一个世界性的医学运动开始出现。在这个运动当中成立了大量的治疗机构和诊所。

人智医学并不把自己与传统西医对立起来，而是把自己看成是一门补充医学。也就是说，它通过特别的方法和治疗方式，把自己看成是作为自然科学的医学的补充。人智医学也运用自然科学研究的所有成果。此外，它作为把人看作是肉体、心灵和精神之结合的精神科学，还运用其他治疗方式、药物和艺术疗法。尤其是，人智医学还将其有关命运的理解运用到治疗的过程中，探索健康的根源，并使之得到强化。

治疗教育

人智学的治疗教育和社会疗法（Sozialtherapie）的目标是，使身心有残障的儿童、青少年和成年人在身体、心灵和精神上有个性化发展的可能，帮助他们过有尊严和自我决定的生活，支持他们在团体和社会中的融合，并使他们对社会的贡献能够被展现出来。精神命运的思想是人智学治疗教育的基础。它同时运用医疗和艺术治疗的手段来开展他们的工作。

1924 年，鲁道夫·斯坦纳受一小群年轻治疗师的邀请，提供了一个课程并由此发展出了治疗教育的基础。在此基础上，在全世界已经成立了几百家治疗机构。此外，由卡尔·柯尼希（Karl König）成立的坎普希尔（Camphill）社区共同体[①]已经享誉世界。

生物活力农耕

从事生物活力农耕的农民和园艺师不只是要考虑到地球的因素，而且要顾及到宇宙间的生命关联和节奏。此外，他们也不使用化学合成的肥料和杀虫剂，实行与当地环境相一致的作物轮种以及自然有机的动物养殖。其核心同样是超越传统的家庭经营模式的新的社会形式的发展，并常常形成文化中心。

1924 年鲁道夫·斯坦纳给寇柏维兹（Koberwitz，位于西里

---

① 坎普希尔社区是在人智学基础上形成的世界性的治疗教育运动。第一个坎普希尔社区于 1939 年由卡尔·柯尼茨，一位维也纳的儿科医生，于英国阿伯丁附近成立。这个社区于 1940 年迁往附近的坎普希尔。目前在世界上二十多个国家已经有一百多个坎普希尔社区。在坎普希尔社区内，在身体、心灵或精神上有残障的人士能够在工作、学习和日常生活等方面得到较好的支持和照顾。

西亚）的农民开设了一个课程，由此奠定了生物活力农耕的基础。在这个课程当中，他提出了一种用药草、牛粪和水晶等材料提取制剂以恢复土地活性的方法。从他的理论当中发展出了世界性的农业运动。这场已经因“德米特（Demeter）”[①] 或者“生物活力农耕”这些名词而闻名世界的农业运动可以说是生态运动的最早的先驱者之一。

艺术

在人智学的影响下，已经产生了许多新的艺术和文化形式，以及一个巨大的人智学艺术舞台。尤其是音语舞和语言塑造（Sprachgestaltung）这两种新的艺术形式的产生可以直接追溯到鲁道夫·斯坦纳和玛丽·斯坦纳（Marie Steiner）。从1912年起，鲁道夫·斯坦纳发展出了新的运动艺术形式——音语舞。音语舞试图把隐藏在诗歌和音乐背后的活力源泉塑造成“看得见的语言”“看得见的歌唱”。用来表达语言的语音和音乐中的乐音规律的手势和体势，以及运动在空间中的形式被用来在舞台上表达音

---

① 德米特国际（Demeter International）是世界上最大的生物活力农耕认证机构，也是世界上三个主要的有机认证机构之一。

乐和语言当中的精神。玛丽·斯坦纳是受过专业训练的演员和吟诵者。鲁道夫·斯坦纳和她一起发展出了表演和吟诵艺术的新方向，同时也确立了艺术性的语言治疗的基础。此外，鲁道夫·斯坦纳在雕塑、绘画和建筑等领域也开启了新的风格。受到人智学启发的建筑开始在世界范围内出现。尤其是第一个歌德馆把所有这些艺术领域的新潮流融合在一件艺术作品身上。以此作为起点，在世界各地出现了为数众多的艺术学校和建筑师事务所。他们直到今天仍在进一步发展这一新的艺术方向。

科学

人智学导向的科学以歌德的自然科学方法为基础。斯坦纳自己对于科学的影响也是从歌德的方法论开始，并把这个方法论扩展到文化和社会科学的领域。人智学科学把与认知对象形成现象学关系作为自己的核心，以使得事物的本质能够自己显现。在这过程中，最关键的是把直接的感官感知看成是（认知对象之）本质的表现，而人们对此形成的概念则反映了（认知对象的）内在。感官现象和概念的合一这一认知过程对于认知的对象本身也具有重要意义：由此，人参与到世界的发展之中。

在这一背景下，人智学导向的自然科学有助于人们形成对于自然更为深刻，并且与活生生的世界更为相符的理解。在社会科学领域也形成了法学家、生态学家、社会学家和社会活动家等诸多受人智学影响的专业群体。在文化科学方面，在各个专业方向也出现了大量受人智学影响的作品与合作关系。

人智学的现状

人智学自从产生到现在一直面临着针对时代所提出的问题进行精神更新的挑战。因为人智学虽然并不想成为一种学说，却仍然需要提出清晰的观点，也因为它虽然建立在“我”的基础上，却也追求一定的社会模式，它始终有着被教条化或者成为某个学派的危险。然而它的核心始终是一种对于生命和专业领域进行（开放性）研究的立场。人智学对其他思考者持包容的态度，并且致力于建设和平的、世界主义的共同生活。

在 21 世纪初期，世界各地出现了大约 10,000 所以人智学为基础的机构。在所有大城市中，都有人从事与人智学相关的活动。特别是在过去 30 年中，出现了一个比较松散的人智学文化生活的社区。这个社区并无一个中央的领导，而完全以个人性的努力为基础。今天的人智学对世界上的每个人都是开放的，并且每个人都能从他所从事的行业开始并加入到人智学的事业中来。

如果由此产生了交流和合作的需求，人智学学会及其在世界各大城市的分支，特别是位于瑞士多纳赫的歌德馆都可以提供深入探讨和合作的空间。在歌德馆，也可以感受到这种世界性的人智学活动。歌德馆通过出版物、会议和研究来推动这些活动的发展。歌德馆的“精神科学自由学院”使这些活动更能回应当今时代的精神性。人智学学会为歌德馆和精神科学自由学院提供支持，并促进热爱人智学的人群之间的联结。

5
附录 I

注：此部分是原书的内容，我们尽量保持了原貌。

鲁道夫·斯坦纳：什么是人智学

……内在的人所能知晓的……

因此，（人智学）这个名称是很古老的。不过，我们在这里赋予它新的涵义。对我们来说，这个名称并不是指“人的知识”。这是发明这个名称的人所明确想表达的意思。我们的科学则让我们相信，在感官人的身上还有一个精神的人存在，一个内在的人，或者在某种意义上也可称为第二个人。如果说，那些通过人的感官以及通过在感官观察的基础上形成人的理性所获得的关于这个世界的知识可以称为“人类学（Anthropologie）”，那么这个内在的人，这个精神的人所能知道的就可以称为“人智学（Anthroposophie）”。因此，人智学是精神人的知识。这种知识并没有走出人所能认知的范围，只不过它是精神的人在精神的世界中所能感知到的东西，就如同感官的人在感官的世界中所能感知到的东西一样。由于这另一个人，这个内在的人，是一个精神的人，所以他所获得的知识也可被称为“精神科学”。而“精神科学”

这一名称比“人智学”这一名称还要古老。

（GA 35，第 176 页以下）

……（人）对其人性的意识……

从根本上来讲，人智学并不是什么别的，而是这样一种智慧，或者说这样一种意识，或人的心魂的这样一种内在体验，藉由它，人（一步步）成为完整的人。因此，“人的睿智”不是对于人智学这个词语的正确阐释。“（人）对其人性的意识”才是。

（GA 257，第 76 页）

……一种尝试性地接近普遍人性的方法……

……因此，实际上，人智学在生活中所要把握的，仅仅是当下那一刻的普遍人性，而不是一种教条，也不是想把握生活本身，亦非对生活本身加以描述。……其广泛的，无偏见的，不先入为主的，非教条的（原文如此）：它只想成为一种尝试性地接近普遍人性，接近普遍世界观的方法。……因此，人们可以说，在最为多样的领域当中，我们希望通过人智学获得因为精神的参与而更为深入的知识和实践。正是基于这一点，人智学与当今世界上已有的一切都不相同。也正是因为这一点，人智学最好每个星期都获得一个新的名称，以使人们不会因为名称的固定而对它所带来的东西习以为常。

（1923 年 8 月的演讲，GA 259，第 173 页以下）

……一条认知之路

人智学是一条认知之路，其目的是把人性中的灵性导向宇宙的灵性。在人身上，它表现为心灵和情感的需要。它必须通过满足这些需要来确立自己的正当性。只有这样的人才会接受人智学，即那些在人智学当中找到了因自己的天性而必须要寻求的东西的人。因此，只有这样的人才能成为人智学者：对他们来说，对有关人和世界的某些问题的探寻乃是生命中必不可少的事情。他们在这方面的感觉就如同人们感到饥饿和干渴一样。

人智学提供以灵性的方式获得的知识。但是，人智学之所以提供这样的知识，仅仅是因为日常生活以及在感官感知和理性活动基础上建立起来的科学会将生命之路引向一条边界，在这里人的灵性自我如果不迈过去，它就会死亡。日常生活和上述科学面临边界，并不是因为它们在这里必须要停住，而是因为在这一感官感知的边界上，人的心灵自身即会瞥见灵性的世界。

（GA 26，第 14 页）

……对精神世界的科学研究

我把人智学理解为对于精神世界的一种科学研究。这种科学研究揭示了（仅仅借助感官的）单纯的自然认知的片面性和普通的神秘学的片面性。在尝试进入超感官的世界之前，这种科学研究还会在求知的心灵当中发展出在普通的意识和普通的科学中尚未被激活的力量，以使这种在超感官世界的研究成为可能。

（GA 35，第 66 页）

……一个本质

人智学自身的本质在于那些构成人的本质的东西，这就是人智学的本质。人在人智学当中找到其自身之所是的那些东西，并且必须要将它们呈现在自己面前，因为人必须要实践对自己的认知，这就是人智学之有效性的本质。

（1913 年 2 月 3 日的演讲）

鲁道夫·斯坦纳年谱

1861 2月27日鲁道夫·约瑟夫·洛伦茨·斯坦纳（Rudolf Josef Lorenz Steiner）出生于克拉列维察（Kraljevec）。他是弗兰西丝卡（Franziska）和约翰·斯坦纳（Johann Steiner）的第一个孩子。他在大自然和克拉列维察、莫德岭（Mödling）和波特沙赫（Pottschach）的火车站度过早期的童年。妹妹来奥波迪内（Leopoldine）于1864年出生，弟弟古斯塔夫（Gustav）于1866年出生。

1869 在诺伊多福（Neudörfl）上小学。助教老师冈勒（Gangl）向鲁道夫·斯坦纳提供了资助。1872年起他在维也纳新城实用中学上学，同时做家教并开始学习哲学。

1879 通过高中毕业考试，开始在维也纳技术大学学习，专业是师范方向的自然科学。

1882　出版歌德的自然科学作品。

1884　在施佩希德（Specht）家做家教。

1886　出版第一本著作《歌德世界观认知理论的基本框架》（*Grundlinien einer Erkenntnistheorie der Goetheschen Weltanschauung*）。

1890　作为志愿者在魏玛的歌德和席勒档案馆工作。

1891　在罗斯多克（Rostock）攻读哲学博士。

1893　出版《自由的哲学》（*Die Philosophie der Freiheit*）。与弗里德里希·尼采（Friedrich Nietzsche）及当时的哲学界发生激烈辩论；与安娜·奥伊尼克（Anna Eunike）同居，1899 年结婚。

1897　在柏林担任《文学杂志》（*Magazin für Litteratur*）出版人。这一时期发表了大量作品。自 1899 年起在职工培训学校任教。

1900　从 9 月起在神智学学会定期作演讲。

1902　被选为神智学学会德国分会秘书长。与玛丽·冯·西维斯（Marie Von Sivers）一起创建德国神智学学会。出版杂志《路西弗灵知》

	(*Lucifer-Gnosis*)。在柏林以及整个德语区作一系列有关神智学和人智学的公开演讲。与安娜·奥伊尼克离婚。出版多种书籍，包括《19世纪的世界观和人生观》(*Die Welt- und Lebensanschauungen im 19. Jahrhundert*)(1900),《基督教作为神秘的事实》(*Das Christentum als mystische Tatsache*)(1902),《神智学》(*Theosophie*)(1904),《人如何认识高等世界？》(*Wie erlangt man Erkenntnisse der höheren Welten?*)(1904),《神秘科学概论》(*Die Geheimwissenschaft im Umriss*)(1910)。
1910—1913	鲁道夫·斯坦纳的“四部神秘戏剧”(《洗礼之门》、《灵魂的考验》、《门槛守护者》和《灵魂的觉醒》)在慕尼黑上演。
1912	离开神智学学会，成立人智学学会。
1913	在多纳赫(Donach)为歌德馆奠基；在来自二十多个国家的艺术家和支持者的共同参与下，歌德馆开始动工；多纳赫山上形成人智学社区。产生两种新的艺术形式：音语舞

（Eurythmie）和语言塑造（Sprachgestaltung）。产生了大量的箴言诗，如《人智学的心灵日历》（*Anthroposophischer Seelenkalender*）（1912）。建筑学上的应用（民居、室内建筑、家具设计、特殊建筑），并产生了大量受人智学影响的绘画与雕塑作品。开始在歌德馆进行《浮士德》的舞台演出。

1914　与玛丽·冯·西维斯（Marie von Sivers）结婚。

1919　发起“三元结构的社会组织”运动，对公众产生强烈影响。有组织的反对者出现。为多个科学领域提出了新的框架，成立了第一所华德福学校、第一所人智学诊所，以及药品制造公司维蕾德（Weleda）。

1922　歌德馆在元旦夜晚被纵火烧毁。

1923　重新成立人智学学会，精神科学自由学院成立，重新表述人智学。

1924　在人智学的所有应用领域作更为深入的演讲，作针对生物活力农耕以及治疗教育的演讲。9月开始，斯坦纳生病卧床。设计第二个歌德馆的外部模型。第二个歌德馆开始施工。完成自传《我的人生经历》。与依塔·薇格曼共同完成《新治疗学基础》(*Grundlegendes für eine Erweiterung der Heilkunst*)。

1925 3月30日鲁道夫·斯坦纳去世。

鲁道夫·斯坦纳的导论性著作

《自由的哲学》

鲁道夫·斯坦纳的代表性哲学著作。在这一著作里，斯坦纳系统地探讨了有关人的认知活动的一些根本性问题，也把“对思考的观察”作为一种精神体验加以系统地探讨。此外，他还发展了一门关于自由的伦理学。这一伦理学把人看成是一种朝着自由发展自己的存在。

《神智学：超感官的世界认识与人性导论》

鲁道夫·斯坦纳的这本著作是作为人智学的导论而写的。在这本书里，他从歌德、费希特和自然科学的概念出发，用连贯一致的思想架构描述了人智学对人的基本理解。之后，这本书还阐述了精神命运的思想，并对精神世界的基本特征以及认识精神世界的手段作了描述。

《人如何认识高等世界？》

这是一本生命之书。斯坦纳在这本书里发展出了认知精神性的各种基本训练方法。除了有关冥想的指导外，其中还有许多有关生命成长、意识发展以及自我认知的指引。

《神秘科学概论》

这本书是最为综合地介绍人智学的著作。它把基本的方法论与对以人智学为基础的人学、死后生命以及人智学的冥想方法的介绍相结合。本书的中心是对地球和人类的共同演化及其精神性之维的描述。

插图目录

导论性和研究性文献

注：下面所有文献的出版社都是歌德馆出版社

（Verlag am Goetheanum）

导论性文献

汉斯·哈斯勒（Hans Hasler），《歌德馆》（*Das Goetheanum*），96页，硬封面平装书，978-3-7235-1258-6

罗宾·施密德（Robin Schmidt），《鲁道夫·斯坦纳：他的人生速写》（*Rudolf Steiner：Skizze seines Lebens*），136页，硬封面平装书，978-3-7235-1423-8

乌尔苏拉·齐默曼（Ursula Zimmermann），《什么是音语舞》（*Was ist Eurythmie?*），大概48页，硬封面平装书，978-3-7235-1443-6

拉瑟·温耐尔寿（Lasse Wennerschou），《什么是治疗性音语舞：通向生命力量的意识之路》（*Was ist Heil-Eurythmie?：Ein bewusster Weg zu den Lebenskräften*），第五版，78页，978-3-

7235–1370–5

尼古莱·富克斯（Nikolai Fuchs），《什么是生物活力农耕》（*Was ist biologisch-dynamische Landwirtschaft？*），第二版，56页，硬封面平装书，978–3–7235–1499–3

克里斯托夫·维歇特（Christof Wiechert），《华德福学校简介》（*Die Waldorfschule. Eine Einführung*），大概160页，硬封面平装书，978–3–7235–1489–4

克里丝塔·斯勒察客·辛德勒（Christa Slezak–Schindler），《什么是语言艺术疗法》（*Was ist sprachkünstlerische Therapie?*），64页，硬封面平装书，978–3–7235–1142–8

鲁道夫·特赖希勒（Rudolf Treichler），《什么是人智学的精神病学》（*Was ist anthroposophische Psychiatrie*：*Eine Einführung*），第三版，48页，硬封面平装书，978–3–7235–0408–6

研究性文献

沃尔夫·乌尔里希·克伦柯（Wolf–Ulrich Klünker），《触动自我的人智学：灵性的相遇》（*Antroposophie als Ich-Berührung*：*Aspekte geistiger Begegnung*），第二版，112页，硬封面平装书，978–3–7235–1493–1

谢尔盖·普罗科菲耶夫（Sergej O. Prokofieff），《什么是人智学》（*Was ist Anthroposophie?*），43 页，硬封面平装书，978-3-7235-1219-7

海因茨·齐默曼（Heinz Zimmermann）/ 罗宾·施密特（Robin Schmidt），《人智学研究：个人和群体对鲁道夫·斯坦纳作品的独立研究》（*Anthroposophie studieren: Zum selbständigen Umgang mit dem Werk Rudolf Steiners in Einzelstudium und Gruppen*），152 页，硬封面平装书，978-3-7235-1029-2

彼得·萨尔格（Peter Selg），《鲁道夫·斯坦纳：一个灵性导师的形象》（*Zur Gestalt eines geistigen Lehrers*），第二版，96 页，硬封面平装书，978-3-7235-1391-0

谢尔盖·普罗科菲耶夫（Sergej O. Prokofieff），《人们为什么成为人智学学会会员》（*Warum wird man Mitglied der Anthroposophischen Gesellschaft?*），128 页，硬封面平装书，978-3-7235-1454-2

克里斯托夫·维歇特（Christoph Wiechert），《有兴趣成为老师吗：成为华德福教师的意义》（*Lust aufs Lehrersein?: Eine Ermutigung zum（Waldorf-）Lehrerberuf*），192 页，硬封面平装书，978-3-7235-1389-7

罗道夫·伊斯勒（Rudolf Isler），《可持续性？！经由自由的行动摆脱危机——重新思考经济、国家和文化》（Nachhaltigkeit?!

Wege aus der Krise durch freie Initiativen Wirtschaft, *Staat und Kultur neu denken*)，280 页，硬封面平装书，978-3-7235-1486-3

米夏埃尔·德布斯（Michael Debus），《生命危机和生命戏剧：鲁道夫·斯坦纳的神秘戏剧导论》（*Lebenskrisen und Lebensdramatik*：*Hinführung zu den Mysteriendramen von Rudolf Steiner*），160 页，硬封面平装书，978-3-7235-1424-5

詹斯·海斯特尔坎普（Jens Heisterkamp），《人智学：一个探索人性的邀请》（*Was ist Anthroposophie?*：*Einladung zur Entdeckung des Menschen*），第三版，132 页，硬封面平装书，978-3-7235-1406-1

海因茨·齐默曼（Heinz Zimmermann）/ 罗宾·施密特（Robin Schmidt），《冥想：人智学冥想实践导论》（*Meditation*：*Eine Einführung in anthroposophische Meditationspraxis*），200 页，硬封面平装书带插图，978-3-7235-1369-9

人智学学会地址名录

人智学学会总会

（Allgemeine Anthroposophische Gesellschaft）

地址：Goetheanum，Postfach，CH–4143 Dornach 1

电话：+41617064242

传真：+41617064314

邮箱：sekretariat@goetheanum.ch

网址：www.goetheanum.org

国家和地区学会

德国

人智学学会德国总部

（Anthroposophische Gesellschaft in Deutschland）

地址：Rudolf Steiner Haus，Zur Uhlandshöhe 10，D–70188 Stuttgart

电话：+497111643121

传真：+497111643130

邮箱：info@anthroposophische-gesellschaft.org

网址：www.anthroposophische-gesellschaft.org

柏林人智学学会

(Anthroposophische Gesellschaft Arbeitszentrum Berlin)

地址：Rudolf Steiner Haus，Bernadottestraβe 90-92，D-14195 Berlin

电话：+49308325932

传真：+49308326398

邮箱：sekretariat@agberlin.de

网址：www.agberlin.de

法兰克福人智学学会

(Anthroposophische Gesellschaft Arbeitszentrum Frankfurt)

地址：Hügelstraβe 67，D-60433 Frankfurt

电话：+496953093581/82

传真：+496953093588

邮箱：info@arbeitszentrum-ffm.de

网址：www.arbeitszentrum-ffm.de

汉诺威人智学学会

(Anthroposophische Gesellschaft Arbeitszentrum Hannover)

地址：Brehmstraβe 10，D–30173 Hannover

电话：+49511853238

传真：+49511281752

邮箱：mail@anthroposophie–hannover.de

网址：www.anthroposophie–hannover.de

慕尼黑人智学学会

(Anthroposophische Gesellschaft Arbeitszentrum München)

地址：Leopoldstraβe 46A，D–80802 München

电话：+4989332520

传真：+4989337897

邮箱：info@anthroposophie–muenchen.de

网址：www.anthroposophie–muenchen.de

汉堡人智学学会

(Anthroposophische Gesellschaft Arbeitszentrum Nord)

地址：Mittelweg 11–12，D–20148 Hamburg

电话：+494041331622

传真：+494041331642

邮箱：buero@anthroposophie-nord.de

网址：www.anthroposophie-nord.de

北莱茵—韦斯特法伦州人智学学会

（Anthroposophische Gesellschaft Arbeitszentrum）

地址：Nordrhein-Westfalen，Oskar-Hoffmann-Straβe 25，D-44789 Bochum

电话：+492343336730

传真：+492343336745

邮箱：Anthroposophie.NRW@t-online.de

网址：www.anthroposophie-nrw.de

纽伦堡人智学学会

（Anthroposophische Gesellschaft Arbeitszentrum Nürnberg）

地址：Rieterstraβe 20，D-90419 Nürnberg

电话：+49911338678/79

传真：+49911397538

邮箱：info@anthroposophie-nuernberg.de

网址：www.anthroposophie-nuernberg.de

上莱茵州人智学学会

(Anthroposophische Gesellschaft Arbeitzentrum)

地址：Oberrhein，Starkenstraβe 36，D–79104 Freiburg

电话：+4976125559

传真：+4976129281850

邮箱：agid–azob@t–online.de

网址：www.anthroposophie–az–oberrhein.de

德累斯顿：东部人智学学会

(Anthroposophische Gesellschaft Arbeitszentrum Ost)

地址：Angelikastraβe 4，D–01099 Dresden

电话：+493518022372

传真：+493518996343

邮箱：post@az–ost.de

网址：www.anthroposophie–ost.de

斯图加特人智学学会

(Anthroposophische Gesellschaft Arbeitszentrum Stuttgart)

地址：Rudolf Steiner Haus，Zur Uhlandshöhe 10，D–70188 Stuttgart

电话：+497111643114

传真：+497111643118

邮箱：empfang@anthroposophie-gesellschaft.org

网址：www.rudolf-steiner-haus-stuttgart.de

人智学学会协会

（Anthroposophische Gesellschaft Arbeitsgemeinschaft）

地址：Impuls Ost，Richard-Wagner-Straße 7，D-04416 Markkleeberg

电话：+491716979437

荷兰

荷兰人智学学会

（Antroposofische Vereniging in Nederland）

地址：Boslaan 15，NL-3701 CH Zeist

电话：+31306918216

传真：+31306914064

邮箱：secretariaat@antro-ver.nl

网址：www.antroposofie.nl

奥地利

奥地利人智学学会

（Anthroposophische Gesellschaft in Österreich）

地址：Tilgnerstraβe 3，AT–1040 Wien

电话：+4315053454

传真：+4315053454

邮箱：buero@anthroposophie.or.at

网址：www.anthroposophie.or.at

瑞士

瑞士人智学学会

（Anthroposophische Gesellschaft in der Schweiz）

地址：Oberer Zielweg 60，CH–4143 Dornach

电话：+41617068440

传真：+41617068441

邮箱：anthrosuisse@bluewin.ch

网址：www.anthroposophie.ch

部门

人智学部

（Allgemeine Anthroposophische Sektion）

邮箱：vorstandsassistenz@goetheanum.ch

歌德馆的本科和继续教育部

(Studium und Weiterbildung am Goetheanum)

地址：Ursula Schönholzer

电话：+41617064220

邮箱：studium@goetheanum.ch

网址：www.studium.goetheanum.org

青年部

(Jugendsektion)

电话：+41617064391

邮箱：mail@youthsection.org

网址：www.youthsection.org

数学和天文学部

(Mathematisch–Astronomische Sektion)

电话：+41617064220

邮箱：mas@goetheanum.ch

网址：www.mas.goetheanum.org

医学部

(Medizinische Sektion)

电话：+41617064290

邮箱：sekretariat@medsektion-goetheanum.ch

网址：www.medsektion-goetheanum.ch

自然科学部

(Naturwissenschaftliche Sektion)

电话：+41617064210

邮箱：science@goetheanum.ch

网址：www.science.goetheanum.org

教学部

(Pädagogische Sektion)

电话：+41617064315

邮箱：paed.sektion@goetheanum.ch

网址：www.paedagogik-goetheanum.ch

视觉艺术部

（Sektion für Bildende Künste）

电话：+41617064137

邮箱：sbk@goetheanum.ch

网址：www.internationalartsection.com

农业部

（Sektion für Landwirtschaft）

电话：+41617064212

邮箱：sektion.landwirtschaft@goetheanum.ch

网址：www.sektion-landwirtschaft.org

文化科学部

（Sektion für Schöne Wissenschaften）

电话：+41617064382

邮箱：ssw@goetheanum.ch

网址：www.ssw.goetheanum.org

社会科学部

（Sektion für Sozialwissenschaften）

电话：+41617064309

邮箱：sektion.sozialwissenschaften@goetheanum.ch

网址：www.sozial.goetheanum.org

出版社

歌德馆出版社

（Verlag am Goetheanum）

地址：Postfach，Hügelweg 53，CH-4143 Dornach

电话：+41617064200

传真：+41617064201

邮箱：info@vamg.ch

网址：www.vamg.ch

鲁道夫·斯坦纳出版社

（Rudolf Steiner Verlag AG）

地址：Im Ackermannshof，St.Johanns-Vorstadt 19/21，CH-4056 Basel

电话：+41617069130

传真：+41617069149

邮箱：verlag@steinerverlag.com

网址：www.steinerverlag.com

自由灵性生活出版社和乌拉豪斯公司

(Verlag Freies Geistesleben & Urachhaus GmbH)

地址：Landhausstraβe 82，D–70190 Stuttgart

电话：+497112853200/01

传真：+497112853210/11

邮箱：info@ geistesleben.com

info@ urachhaus.com

网址：www.geistesleben.de

www.urachhaus.de

杂志

《歌德馆》周刊

(Das Goetheanum)

地址：Rüttiweg 45，Postfach，CH–4143 Dornach 1

电话：+41617064464

传真：+41617064465

邮箱：info@dasgoetheanum.ch

网址：www.dasgoetheanum.ch

《三元》

(Die Drei)

地址：Alt-Niederursel 45，D-60439 Frankfurt

电话：+4969995776121

传真：+4969582358

邮箱：redaktion@diedrei.org

网址：www.diedrei.org

6

附录Ⅱ

注：为使读者更深入理解人智学，我们收集了一些相关信息供大家参考。

人智学启迪下的华德福教育

华德福教育是根据鲁道夫·斯坦纳的理论发展而来的一种世界性教育体系，涵盖幼儿园直至十二年级。斯坦纳是奥地利科学家、教育家和作家，第一次世界大战后接受埃米尔·莫尔特的邀请，于1919年在德国的斯图加特为华德福—阿斯托里亚烟厂的工人子弟建立了一所学校，从此投身教育领域。后来，人们称这种教育为“华德福教育”，其影响遍及欧洲，1928年，美国第一所华德福学校在纽约市建立。

斯坦纳认为孩子应顺应成长规律，根据年龄特点进行学习。在这方面他做了很多先驱性的工作，他的许多理论后来被格塞尔、皮亚杰等人的著作所证明。另外，他力求通过一种均衡的教育让孩子获得“整体”发展，即感觉、意志和思考的全面发展，尊重孩子的精神本质，让孩子获得自由。从幼儿园直至高中，华德福教育的宗旨始终是一以贯之的，但教育方式却随着孩子内在发展的变化而变化。

华德福学校在二战期间被纳粹关闭，不过很快又重新开放，在过去的二十年中还发展到一些局势动荡的地区，例如南非、中东、东欧和苏联。

华德福幼儿教育

华德福幼儿园主张给孩子一个家一样的环境，鼓励孩子进行自主游戏，带领孩子参与艺术性的活动。斯坦纳认为，幼儿主要通过榜样和模仿学习，身体活动、节奏、童话故事和口头语言对于孩子特别重要。他认为孩子过早地发展读、写、算术等认知技能是不健康的，因为身体要达到一定的成熟度之后，成长的力量才能释放出来，投入到认知活动中。身体的这种变化体现在很多迹象上，包括换牙、孩子能把胳膊伸到脑后摸到对侧的耳朵等。学校会认真评估孩子是否做好了上小学一年级的准备，大多数学校要求孩子必须满六岁才能上小学。

许多华德福幼儿园都是混龄的，三到六岁的孩子都在同一个教室里。幼儿园里代表性的日常活动包括自主游戏、活动身体的游戏、故事圆圈、手工和艺术活动——湿水彩、捏蜂蜡、蜡块画、烘焙等。偶戏、远足和节庆也是贯穿全年的经常性活动。

华德福一至八年级

在一至八年级，所有课程都以一种生动而有画面感的方式呈现出来，因为斯坦纳发现，在小学阶段，如果课程能以一种富有艺术性和有想象力的方式呈现，孩子的学习效果是最好的。同一个老师带同一个班级，从一年级直到八年级，教授“上午的课程”，包括语言艺术、数学、历史和科学。每天上午的前两个小时上这些课，每个主题成为一个板块，持续 3~6 周。华德福学校没有统一的教科书和习题集，所有课本都是学生自制的，他们以富有艺术性的方式，记录下所学的内容。一天中其他的课程由专科老师讲授，其中包括外语、管弦乐、唱歌、艺术、手工、园艺、音语舞和体育。

华德福高中

华德福高中的课程由专科教师讲授，高中阶段很注重培养青少年刚刚萌芽的分析性思考能力。老师的角色是帮助学生发展自己的思考能力。这个过程的关键是让学生直接体验各种现象，如动手做实验，阅读原汁原味的文学和历史作品而不是经过改编的课文或选集。华德福高中每年的课程都根据该年级学生内心的

“问题”而定制，很符合青少年迅速变化的心理特征。

学校（幼儿园）农园

每一所华德福学校或幼儿园都有一个有机农园，不同的学校，条件不一样，农园的大小也各不同。在城里的华德福学校，有的农园小的只限种些花、菜、香草、少量的浆果灌木，养些鸡、兔之类的小动物；在城郊或乡下的华德福学校占地面积都较大，还可种些谷物，养蜂，或养些羊、牛、马、驴等较大的动物，有的学校甚至还拥有一片森林或一个附属农场。

欧洲国家的学校农园基本上都有一个或多个温室或温棚，用于早春育苗及夏天种些番茄、辣椒、黄瓜、茄子等喜温热的作物，耕种的过程中都决不施用化肥和农药。园艺老师会向学生介绍垃圾分类，把果皮、厨余、树叶、杂草、动物粪便收集起来做堆肥。让从土地里产出的东西尽可能地回到地里头，循环起来，补养地力。虽时有小虫子来光顾，但并不成问题，学校农园的种植规模小且极其多样化。

在学校农园里，学生在园艺老师的带领下亲耕亲作，体验人类在地球上最基本的生产活动，农园是学生学习植物、动物、季节、气候、环境与生态的绝佳场所。

农园教室

农园教室和普通教室一样的是都有黑板、桌椅，不一样的是农园教室里还有厨具和餐具。园艺老师带领学生在此将农园的收获料理了摆上餐桌。南瓜汤、烤土豆、苹果派、沙拉，尽享新鲜采摘的有机蔬果和劳动后丰收的快乐，其乐融融。草莓、树莓、黑加仑子、醋栗之类的浆果收获后除了吃新鲜的，还在农园教室里将它们加工成果酱。许多农园教室都配备了一台烘干机，干燥些香草、干花和果脯。

园艺课大多都在户外进行，天冷或下雨不能在户外干活时就会在农园教室里做一些室内的工作，磨香草盐、将香草装袋，并设计制作产品的标签及说明。在冬天的园艺课上，老师还要教学生用树枝、树叶、干花、松果等做些圣诞节的装饰品。养了蜜蜂的学校农园也会在冬天用蜂蜡做些蜡烛出来。许多农园教育里都有一个可生木柴火的烤炉，一边干活，一边烤上饼干或蛋糕，甚是温馨。

农园教室的桌子既是书桌，也是餐桌，亦是加工产品的工作台。为了保持农园教室的整洁干净，许多学校都在农园教室外另设一个专门的农具房，各种农具，锄头、铲子、耙子、镰刀、枝剪、斗车，一应俱全，手套、帽子、雨鞋、急救箱也都备上。

华德福教育资源

北美华德福学校联盟

（Association of Waldorf Schools of North America，AWSNA）

地址：337 Oak Grove St Minneapolis, MN 55403

电话：612-870-8310

传真：612-870-8316

邮件：awsna@awsna.org

网站：www.waldorfeducation.org

北美华德福幼儿协会

（Waldorf Early Childhood Association of North America, WECAN）

地址：285 Hungry Hollow Road Chestnut Ridge, NY 10977

电话：914-352-1690

传真：914-352-1695

邮件：info@waldorfearlychildhood. org

网站：www.waldorfearlychildhood. org

斯坦纳学校联谊会

（Steiner Schools Fellowship）

地址：Kidbrooke Park, Forest Row Sussex, RH18 5JB UK

电话：+44 1342 822 115

传真：+44 1342 826 004

网站：www.steinerwaldorf.org.uk

瑞士歌德馆教育学部

(Pedagogical Section at the Goetheanum)

地址：P.O.Box，CH-4143 Dornach（Switzerland）

鲍伯和南希的华德福商店

(Bob & Nancy's Services)

地址：304 Tasman Place Philomath, OR 97370

电话：541–929–2359

邮件：writeus@bobnancy.com

网站：www.waldorfbooks.com 或 www.bobnancy.com 或 www.waldorfshop.net 或 www.waldorfworld.net

华德福教育在中国的发展概况

1994 年，黄晓星和张俐与一对来自澳大利亚的教师夫妇聊天中了解了华德福教育。1995年秋，在这对夫妇的帮助下，黄晓星和张俐先后在英国的爱默生学院和美国日桥学院接受了华德福教师培训，并在美国继续学习和实践华德福教育和人智学工作。期间，在他们的介绍和帮助下，李泽武、吴蓓、郁宁远和司先鸿等朋友也先后在英国和美国接受了华德福教师培训。同时，德国华德福学校毕业生卢安克志愿在广西的一个偏僻农村里为孩子实践华德福教育。

2004年夏，从美国归来的黄晓星、张俐和从英国归来的李泽武等人，在成都建立了国内第一所华德福幼儿园和学校。学校得到了美国伏羲基金会的资助，德国华德福教育友好协会的协助，国际华德福幼儿教育联盟和亚太地区华德福教育组织的支持。

目前，中国内地的华德福教育机构大都在幼儿教育阶段，只有少数几所规模较大的学校，且老师都处在接受师资培训的阶段。内地的大部分教育机构能通过创办华德福教育，把我国的传统文化发掘出来，与华德福的好的理念相融合，比如注重对节气、节庆和传统节日的认知，对于土地的尊重，对于艺术的领悟能力的培养等等。至2014年底，全国约有近三百所华德福教育机构，北京目前有近四十所幼儿园和六所小学。

华德福教育参考书籍

《Waldorf 教育》《华德福在中国：迈向个性的教育》《华德福教育之道》《华德福老师的心灵日记》《为未来而教》《重新学习做老师》《童年的王国》《迈向健康的教育》《与孩子的天性合作》《斯坦纳给教师的实践建议》《做适合人的教育：斯坦纳教育理论和实践》《与孩子共处的八年》《稻草人的头，铁皮人的心，狮子的勇气：一种帮助孩子全面发展的教育》《欧洲精灵传奇》《爱尔兰王子》《人类最初的故事》《故事知道怎么办：如何让孩子有令人惊喜的改变》《故事知道怎么办 2：给孩子的 101 个治疗故事》《故事和你说晚安》《你也可以成为故事高手》《造就全人的艺术教育：华德福学校一至八年级绘画课》《大地的礼物：与孩子一起做园艺》《康复大地：和自然的艺术对话》《心灵的色彩：华德福学校的绘画课》《手巧才能心灵：华德福学校的手工和实用艺术课》《生命的四季》《和孩子一起画画》《和孩子一起做娃娃》《自然的心声：华德福学校的音乐课》《和孩子一起游戏》《和孩子一起做玩具》《幼儿园的工作与娱乐》《天使在我家：以华德福的方式养育 0 至 3 岁的孩子》《养育孩子，就这么简单》《请让我慢慢长大》《我从彩虹那边来：如何养育 0 至 7 岁的孩子》《解放孩子的潜能》《人智学启迪下的儿童教育》《华德福的幼儿教育》《自由地学习：华德福的幼儿园教育》《简单父母经》《慢养育》《学校是一段旅程：华德福教师 1—8 年级教学手记》《孩子成长历程：三个七年成就孩子的一生》《爱上数学：在游戏中与数学相遇》《动物》《科瓦奇讲植物、动物、天文与地理》《儿童健康指南：零至十八岁的身心灵发展》《病是教养出来的》《谁在伴孩子长大》等已出版的图书。

《教育的艺术：华德福教育的入门书》《日本华德福幼稚园》《迈向自由的教育》《彩绘童年》《探看幼儿的图画世界》《幼儿园的工作与娱乐》《我来了》《幼儿的工作与游戏》《让孩子与数学真实相遇》等繁体版书籍。

《从春到夏，从秋到冬》《小精灵温克和动物们》《逃跑的煎饼》《还有我的地方吗？》《苹果蛋糕》《蜗牛、青蛙、蜜蜂找雪》《“吹牛大王”历险记》《堂吉诃德的奇异冒险》《飞船历险记》《斯坦和龙》《小魔怪》《彩虹镇的孩子们》《月亮，你好吗？》《亲爱的小鱼》《花婆婆》《圆圆的月亮》《爷爷一定有办法》《猜猜我有多爱你》《逃家小兔》《野葡萄》《一寸虫》《拔萝卜》《小黑鱼》《团圆》《梦的守护者》《獾的礼物》《月下看猫头鹰》《石头汤》《爷爷的天使》《风到哪里去了》《下雪天》《好饿好饿的毛毛虫》《篮子月亮》《月亮的味道》《爱的小星球》系列等华德福老师推荐绘本。

身体、心灵和精神健康的源泉

利奥·涅菲朵夫（Leo Nefiedow）在他的《第六个康德拉捷耶夫周期》一书中指出，经济发展是以所谓康德拉捷耶夫周期（“康氏周期”）的形式进行的。此种经济周期的名称来自俄罗斯经济学家尼古莱·D. 康德拉捷耶夫（Nikolai D. Kondratieff, 1892—1938）。康德拉捷耶夫发现了40—50年的经济发展周期，并指出每过40—50年就会有一个全新的推动力出现，使世界经济发生决定性的变革。

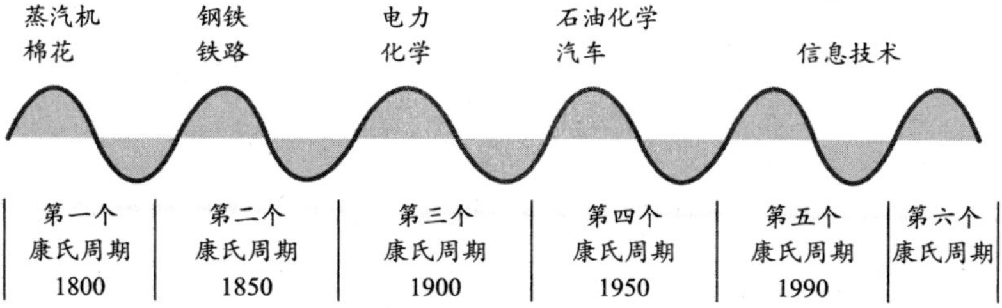

决定下一波经济增长的推动力来自哪里呢？根据各种预测，可以认为这一推动力将来自心理社会治疗以及社会服务市场。世界卫生组织（WHO）估计，如果人们对于药物的依赖继续像过去二十年那样增长，到了 2100 年，在发达国家，每两个居民中就有一个需要依赖药物生活。也就是说，将有 50% 的人口药物成瘾并且多少需要外界帮助。当今的经济已经表明，由于心理－社会紊乱而导致丧失工作能力已经成为越来越大的问题。现在的人们不再像过去那样健康。他们越来越容易生病，承受压力的能力也更低。此外，没有工作的人们同样承受心理－社会压力。如果经济要稳定发展，必须要有足够多的健康人口。从这个角度来讲，健康原理学也有着经济上的重要意义。

促进健康还是防止疾病?

健康原理学研究身体、心灵和精神健康的源泉，并由此确立了一个新的范式，一个新的研究方向。

大约三百年来，在医学上占主导地位的范式是所谓病理学范式。病理学以研究疾病的发生为目标。在病理学的基础上也发展出了预防的概念：病理学意义上的疾病预防是指防止和排除致病的因素。在这里，人们首要研究某种疾病如何发生以及如何才能预防此种疾病的问题，以便排除致病的因素。

在英语国家，健康原理学这一概念早在 20 世纪 60 年代已经出现。然而直到 90 年代，这一概念才进入德国的卫生政策研究和学术讨论范围。这个迟来的关注的一个重要原因在于，原来的病理学概念在财政上还能够自我维系。然而，此后卫生事业的开支膨胀以及由此造成的财政困难在国际上直接引发了人们对于新的健康概念，对于健康原理学的需求。现在人们的关注点是，健康是从何而来的？人们怎样才能够加强健康？而不再是，疾病是从何而来的？如何才能够避免疾病？

那么，旧的病理学概念和新的健康原理学概念之间的主要区别是什么呢？

以传染性疾病为例：病理学概念以传染模式作为出发点。人们会问：谁传染了我？与这个病有关的病毒或病菌是什么？哪些抗生素能够杀死这些病毒或病菌？而如果从健康原理学的角度出发，人们会问为什么恰好是我被传染了？我周围的那些人为什么没有被传染？这个为什么某些人被传染，而另一些人没有被传染的问题，正是一个健康原理学所研究的。

健康到底是什么？

健康原理学的目标是使人们关注个体的和社会性的健康及康复的源泉。

鲁道夫·斯坦纳早在1920年就在一个为医生们做的演讲中

明确地主张，医生如果想要帮助一个特定的病人，必须把对整个人的疗愈放在心里。为什么？因为每个人都是一个整体的一部分。不论一个人自己是否明了，这个整体对他都会产生这样或那样的影响，并且是通过这样的方式，即这个人在其内心以及在其外部关系上是如何与自己以及与他人相处的。同时，他也积极地参与着地球和人的发展。我越能够基于最为广泛的视角，包括这个视角的最为细微之处去行动，也就越能够对他人的康复，对于整体性的繁荣有所贡献。我越自我孤立，越以与他人无关的方式行事，我就越容易成为一个发展过程中的致病因素。恢复健康、“治疗”和“完整”，实质上是一个整合的过程。疾病永远是有机体当中个别的过程、功能或组织的孤立或解体的结果。

在健康原理学范式之父，亚隆·安东诺夫斯基（Aaron Antonovsky，1923—1994）对以色列老年人的健康状态进行调查的时候，他发展出了对人们的身体和心理健康进行衡量的标准。让他大为吃惊的是，在他所发现的最为健康的老年人当中居然还有曾经经历了残酷的大屠杀的人。

与卡尔·罗杰斯（Carl Rogers）和埃利希·弗洛姆（Erich Fromm）共同创立了人本主义心理学和心理疗法的亚伯拉罕·马斯洛（Abraham Maslow，1908—1970），在对人的心理健康进行研究的过程中同样有让他十分惊讶的发现。为了找到心理健康的标准，他调查了许多被认为是心理健康的人。而那些在他看来最为健康的人都曾经有过某种内在的突破性体验，也即某种精神性的体验，比如一次灵魂出体经验、一次与神的相遇或其他神秘体验。他发现，在每个有心理疾患的人的心灵中也都有一个健康的核心。当这个核心得到发展时，人们就能够更好地处理自己的问题，并且在其生活当中以更为健康的方式发挥作用。

健康原理学的另一个重要领域是所谓“抗压力研究”。人们通过“抗压力研究”发现，人的发展并非完全取决于遗传和环境。还有一个因素到目前为止甚少被关注，但却极为重要：即人际关系要素。那么，一个好的关系的标志是什么呢？

对于人性来说，有三方面的品质是决定性的：坦率、诚实、正直；爱；对他人之自治和尊严的尊重，哪怕这个人还只是小孩，或在很大程度上需要他人的帮助。

如果一个孩子能够经验到这样的关系，不论是仅仅与一个人有此种关系，还是只在其童年的某个时间有此种关系，这个孩子都能够在心理上健康地发展，哪怕他的生活条件在其他方面都十分不利，比如经常在晚上挨揍，或整天没有得到良好的教导。如果他与某个人有深层次的内在关系，他的心理健康就不会有太大的问题。而且，一个这样的孩子甚至可能变得更为敏感和富有同情心。

蒂姆·古纳德（Tim Guénard）写的《比恨更强大》（*Plus fort que la haine*）这本在法国引起轰动的书就提供了一个非常好的例子。在这本书里，一个曾经历过严重创伤，被严重忽略的三岁孩子在一个照料他的家庭当中度过了十分宝贵的三个月，体验到爱和友善。这一体验对他的整个生命产生了影响，并使他始终能够站在善和爱的一边。

健康的身体、心灵和精神源泉

那么，健康原理学或者说抗压力研究主要有哪些观点呢？我们可以把它们归纳为三个核心方面，这三个方面对于健康的发展具有决定性意义。

第一个方面是人处理新的事物或冲突，并在这过程中使自己更为强大的能力，即所谓异质原则（Prinzip der Herterostase）[①]。这意味着学习承受压力，而不仅仅是加以避免，也意味着认知身体和心理承受能力的界限，并进一步加以扩展。

这一原则与人智医学的这一主张是一致的，即对孩子来说，经历疾病对孩子是有疗愈性的。它能够促进孩子的免疫系统、自

---

① 在希腊语当中，heteros 指他者，而 stasis 指状态。异质原则也就是指对外来因素加以处理和整合。

我调整能力和自我痊愈能力的发展。

在这方面涉及到目前在公共卫生事业当中被大力推广的预防接种的意义问题。在这个问题上关键的考虑是个别的孩子是否足够强壮，足以克服疾病。在这方面不应通过未经过充分论证的集体接种措施来预防所有儿科疾病的感染。如果这样的话，孩子们就被剥夺了这样的机会，即发展出新的，更为强大的抵抗力。

对于病理学来说最典型的是针对每一种流感病毒都打预防针和开处方，并且在有任何不舒服时都立即吃这种或那种药物。

而对于健康原理学来说，决定性的问题是：我如何才能使自己适应各种生活状态，并且使身心保持活力？我如何才能对于挫折和压力有承受力，并形成稳定的个性？

在心灵方面，健康原理学的重点在于建立一种关联感，即世间万物彼此相关的情感。只有当人在自己生命的大的方面和小的方面都找到彼此关联的感受，他才能感受到生命的意义。在这个意义上，一种世界观，如果能够帮助一个人找到自己，帮助一个人感觉到生命有意义，就会给人带来一种满意的生命状态。比如，在第二次世界大战之后，有许多孩子由于自己的战争经历，或者由于战争受害者，如那些在对日本的原子弹袭击中受害的人们的报告，而陷于很深的恐惧当中。对于这些孩子来说，极需要在他的生活中有能够理解他的处境的成人回答这些孩子的问题，并帮助他们建立这种关联感。这有助于帮助这些孩子处理内心的焦虑和恐惧并确立这样的信息，即人们能够采取措施克服对于战争的恐惧以及导致战争发生的原因。同样，现在世界上有许多孩子和年轻人深受9·11事件的冲击并活在其阴影中。为此我们需要充分的讨论和报告，以及尽可能全面的信息，以使这一事件能够被理解，被处理。此外，对到了一定年龄的孩子来讲，最重要的是能够有人，最好是同样经历了这些事件，而又能够理解这些事件并给孩子们带来希望和安全感的父母帮助他们克服此种事件造成的伤害。如果孩子们认识到，人会遇到危险的处境和严重的问题，同时也能够克服它们，并仍然保持愉悦、有肯定生命的态度，并且不会“扭曲”，这对他们来讲是非常有益的。

在帮助人们从小就确立这种关联感方面有很多方法。比如，在华德福学校当中，每天早晨，在第一节课之前，孩子们和老师会共同做晨颂。一到四年级的学生，和五年级以上的学生分别有和他们各自的年龄相适应的晨颂。晨颂帮助孩子们在内心实现成长。借助晨颂，孩子们能够通过持续的学习和工作，对这个世界上所发生的事情有不断深入的理解并使其内心变得更为强壮。

对孩子们来说，对他们在心中确立这种关联感最为重要的是学校里的成人，即教师为他们做出榜样。教师们应当为了自己，也为了这个世界进一步发展他们内心的关联感。

第三个方面也是当今的人们亟需学习的：这就是对于人性的发展以及这一发展乃是有意义的信心。当今世界上有太多的人陷于抑郁，因为他们对于发展，对于上帝和人失去了信心。为此，人们需要重建一种世界观。通过这种世界观，人们能够理解恶，理解消极的和破坏性的事件，并以一种建设性的方式处理这些事件。汉斯·约那斯（1903—1984），一位犹太哲学家，也是亚隆·安东诺夫斯基的同时代人和同事，所发展出来的“责任原则”，对20世纪的伦理讨论产生了决定性的影响。在他的哲学当中，一个带有人本主义色彩，以人的尊严为基础的责任概念处于中心地位。汉斯·约那斯的妈妈死于奥斯维辛的毒气室。对信仰犹太教的他来说，这是无法理解的。因为，按照犹太教的传统，上帝是活在历史当中的。他在历史当中起作用，并在历史过程中与人性相伴而行。可以认为，人们借助历史能够感知到上帝，而上帝也不会惩罚一切义人。因而，在奥斯维辛的事件发生之后，约那斯不得不发出这样的疑问：当奥斯维辛发生这样的事时，上帝在哪里？他离开人类了吗？是不是上帝从来就不存在？或者，上帝改变了自己与人类的关系了吗？上帝是否会随着人类的发展进一步发展他与人类的关系？通过对这些问题的思索，约那斯提出了一个过程性的、演进中的上帝概念。在他的书，《奥斯维辛之后的上帝概念》当中，他提出了这一问题，如果大屠杀这样的事也能够发生，上帝还是全知全能的吗？他的结论是，就与人的关系而言，上帝不再是全知全能的，否则大屠杀是不可能发生的。他把自己的全知性和全能性与人类共同分享了。他给了人类这样的机会，即自由地决定何为善，同时也带来了这样的可能，即犯错误，以及陷于最为严重的歧路当中。人类必须对自己的所作所为有清醒的认识。人类自己，而不是上帝，要对自己的行为负责。约那斯把“中”的领域看成是真正的人性的领域。“中”的领域是心的领域，也是良知和爱的领域。这一领域是与人的自由，与人的独立的认知能力相一致的。这个“奥斯维辛之后的上帝概念”挽救了约那斯心中的上帝形象。而且，这一上帝的概念同时也是最为强大的健康原理学原则。这是有着“成为我的意志”的人类精神的原则。这一原则能够调动一个人身上全部的抵抗力资源。它为这一问题提供了答案：什么能够使我抵抗对我的身体、心灵和精神的攻击，并使我保持健康？

三个决定性的原则

第一个原则是有意识地加以维护“我”与上帝和精神世界的关系：我在上帝之中，上帝在我之中。我是一个绝对无法被伤害的存在。这正是索尔仁尼琴（Solschenyzin）在他的《古拉格群岛》

一书中所描述的当一个俄罗斯士兵正要用他的肮脏的长统靴踩他的脸的时候他的内心所体会到的。他躺在地上，看着靴子踩过来。那一刻，他想的是：你只能摧毁我的身体，而对于我的灵魂，你毫无力量。

最为强大的抵抗力资源来自于对上帝的体验，神秘经验或者说这样一种身份体验，即对于真正的我乃是一种永恒之存在的体验。

能够调动抵抗力资源的第二项原则是人性关系原则。曾经历过极端严酷之处境的人常常会提到，他之所以能够战胜这些境遇，是因为他感到自己与其他一个或多个人之间存在深深的连结。比如，纳尔逊·曼德拉曾被关在监狱里许多年，而仍然保持身心的健康。他的一个很大的支持来自于他知道他的妻子正在外面的世界继续斗争。亲密的、温暖的和可靠的人际关系，不管是与父亲、母亲，还是与其他长辈、朋友、爱人、伴侣，都能够给人以很大的支持。人们感到自己在任何时候都不是孤独的，而是为爱所包围、所支持。这种力量也可来自与已故之人的亲密关系。一个人如果能够体验到这种力量，同时也能赋予他人这种力量，对于恶劣不利的环境就会有强大的抵抗力。他会知道，即便处于目前这样艰难的境地，活着也是有价值的。眼前的艰难不会持久，总会过去。

在健康原理学研究当中，人们通过问卷调查和统计发现的第三个原则与金钱和财富有关。如果人们，比如说，在西班牙的马略卡岛（Mallorca）上有一座别墅，或在瑞士有一个银行账户，这些也能成为强大的抵抗力资源。如果我知道，只要我从目前这种境况中摆脱出来，凭借这些财富我就能充分地享受自己的人生，我就会有承受压力坚持下去的动力。

这三个原则都能够使人在物质、心灵和精神层面获得安全感、认同感和存在感。

发掘健康源泉

健康原理学以异质整合以及激活身体自身抵抗力为目标，对当代医学的各个领域都有着革命性的意义。在这方面，以健康自然长成的食物为基础的健康饮食也是一个重要部分。消化此种食物并将它们转化成身体自身的物质，比起消化经过加工的罐头蔬菜或人工制造的维生素需要有机体付出更多的努力。所有事先烹制好的，充分加工过的或替代性的食物都不需要有机体自己付出太多努力。然而健康营养的基本原则并非过度保护或照顾，而是激活有机体自身的活力。

同样，人智医学的药物的作用也是在于激活病人身体自身的抵抗力。人智医学的药物不会使病人的身体更加虚弱，而是帮助它发展并调动自己的抵抗力和自愈力。

针对孩子的教育也应当按照孩子的年龄确定适当的目标，并帮助他们自己去体验和发展。

对孩子们来说重要的是在自己的环境中找到能够作为示范的榜样。通过对榜样的模仿，他们能够学习接受挑战，战胜困难。孩子们必须有机会在他们所信任的成人的帮助下发展解决问题的能力，运用和体验自己的力量。一个好的教育应当培养诚实、爱以及尊重他人的品质。其中诚实是整个教育的基础，因为尽管爱和自治很重要，若没有诚实，也即所谓在认知层面的爱的支持，它们将丧失必要的基础。通过清晰的思考，也即精神层面的健康，孩子们能够学会在世界上找到自己的位置，并给自己提供强大的支持。

作为自我发展领域的经验丰富的教师，鲁道夫·斯坦纳指出，对于知识的掌握、对于更高发展的追求以及冥想训练只有当人们能够把这些努力运用于日常生活当中才会产生出积极的效果。在这个意义上，自我发展意味着获得生命体验，也即从各个方面、各个层次上去体验生命的可能性。如果人们最终的目标是要学会尊重，获得内在的安宁、勇气和安全感、希望、忠诚、虔敬、爱以及诚实，乃至自治，包括最大限度地承认他人的自治，却不在日常生活中体验、确认和发展这些品质，这些目标又怎么可能实现呢？

斯坦纳同时还发展出了相应的训练方法，以帮助人们在与他人和世界的关系上建立深刻的伦理－道德连结，并在此基础上获得身体、心灵和精神的健康。

（本文作者：米凯拉·格洛克勒博士，生于 1946 年，本科学习医学，并于海尔戴克社区医院以及波鸿大学附属医院担任儿科医生。自 1988 年以来担任瑞士多纳赫歌德馆医学部负责人。）